폭행죄·특수폭행죄 성립요건에 따른 고소방법 실무지침서

폭행·특수폭행죄

폭행고소

성립요건 고소방법

편저 : 대한법률콘텐츠연구회

(콘텐츠 제공)

해설 · 최신서식

법문북스

머 리 말

폭행과 특수폭행은 매일 전국적으로 가장 많이 발생하는 범죄입니다.

그러다 보니 앞니 하나가 나가면 얼마이고 코뼈 골절은 얼마라는 식으로 합의금까지 대충 정해져 인터넷에서 검색할 수 있듯이 떠들고 있을 정입니다. 이렇듯 빈번하게 발생하는 폭행이나 특수폭행죄는 제대로 알아둘 필요가 있습니다.

폭행죄는 사람의 신체에 대해 유형력을 행사함으로써 성립하는데, 구타나 사람을 밀치는 행위는 물론이고 폭언을 수차 반복하거나 피해자에게 근접하여 욕설을 하면서 때릴 듯이 손발이나 물건을 휘두르는 행위도 폭행죄에 해당합니다.

단체 또는 다중의 위력을 보이거나 위험한 물건을 휴대해서 사람의 신체에 대해 폭행을 가함으로써 성립하는 범죄는 특수폭행죄라고 합니다. 특수폭행죄는 폭행죄에 대하여 행위방법의 위험성 때문에 불법이 가중되는 가중적 구성요건입니다. 이를테면 가중의 근거는 결과 때문이 아니라 행위의 수단과 방법이 피해자에게 중대한 침해를 야기할 위험이 있으므로 피해자의 방어기회를 없게 한다는 점에 있습니다.

특수폭행의 경우에는 폭행과는 다르게 반의사불벌죄가 인정되지 않습니다.

과거에는 단체나 다중의 위력으로써 또는 단체나 집단을 가장하여 위력을 보임으로써 폭행죄를 범하거나 흉기 기타 위험한 물건을 휴대하여 범한 때에는 폭력행위 등 처벌에 관한 법률 제3조에 해당하여 이러한 범위에 있어서는 특수폭행죄가 적용될 여지가 없었으나 이후 폭력행위 등 처벌에 관한 법률상 흉기 폭행은 위헌결정이 나왔습니다. 따라서 위험한 물건을 들고 폭행하면 이제는 특수폭행죄로 처벌받습니다. 폭력행위 등 처벌에 관한 법률상 흉기폭행은 1년 이상 징역이었고 그냥 폭행은 2년 이하 징역, 500만 원 이하 벌금임을 감안하면 흉기폭행은 상당히 엄하게 처벌됩니다.

유흥가들이 밀집되어 있는 길거리 등에서 2~3명 이상의 상대가 먼저 접근하며 시비를 걸 경우 보통은 건달이나 조폭 등 평상시에 집단폭행 등을 아무 거리낌 없이 하는 무리일 가능성이 높습니다. 이를 때는 바로 경찰의 112범죄 신고를 하거나 119소방서 등에 빠르게 신고부터 하는 것이 피해자에게 도움이 됩니다.

실제 상습적으로 집단폭행을 가하며 돌아다니는 무리들이 우리 주변에는 많이 있기 때문에 특수폭행죄는 단체 또는 다중의 위력을 보이거나 위험한 물건을 휴대하고 사람의 신체에 대하여 폭행함으로써 성립하는 범죄에 해당합니다.

툭하면 벌어질 수 있는 폭행이나 특수폭행은 내가 저지른 폭행이 정당방위로 인정받을 수 있을까 생각하는 분들이 많은 것도 사실입니다.

실무상 폭행 사건과 관련해 가장 안타까운 것은 누가 봐도 이를테면 나쁜 모 ○○씨가 착한 조 ○○를 폭행했는데, 착한 조 ○○가 참다 참다 한 대 맞받아친 것 때문에 나쁜 모 ○○에게 맞고소당하는 경우를 들 수 있습니다. "나쁜 모 ○○씨는 착한 조 ○○씨를 스무 대 때렸는데, 조 ○○씨는 딱 한 대만 때렸다."라고 항의해 봐도 싸움(쌍방폭행의 경우 원칙적으로 정당방위로 인정받기 어렵습니다).

다만 나쁜 모 ○○씨가 먼저 때리는 장면 등을 착한 조 ○○씨가 사고현장을 비추고 있는 CCTV나 인근차량의 블랙박스 영상 등을 확보해 입증을 한다면 착한 조 ○○씨가 폭행죄로 처벌받는 정도가 나쁜 모 ○○씨 보다 훨씬 가벼워질 수는 있습니다.

당연히 예상할 수 있는 정도를 초과한 과격한 침해행위에 대한 반격이나, 싸움이 중지된 후 갑자기 상대가 다시 공격하는 경우 등에는 예외적으로 정당방위를 인정하는 판례가 있기는 합니다.

이것은 지극히 예외적인 경우이므로 상대방이 폭력을 먼저 행사하였더라도 소극적 방어의 정도를 넘어선 공격의사를 가진 반격(폭행)을 가하는 순간 쌍방폭행으로 처벌될 수 있으므로 주의하여야 합니다.

한편 폭행죄는 피해자가 처벌을 원하지 않는다는 명백한 의사를 밝힌 경우에는 공소를 제기할 수 없는 반의사불벌죄에 해당합니다. 위와 같은 경우 먼저 싸움을 걸고 폭행을 많이 한 나쁜 모 ○○씨 일지라도 서로 고소를 취하하자고 나올 수가 있으므로 이 경우에 착한 조 ○○씨는 고소를 취하할 것인가 고민에 빠질 수밖에 없습니다. 그러나 맞고소의 정답은 조 ○○씨가 고소를 취하하는 것이 더 좋을 수도 있습니다.

상해는 사람의 신체에 대해 완전성을 침해하거나 생리적 기능이 훼손되게 함으로써 성립합니다. 따라서 상대방을 때려 이가 빠지거나 팔이 부러진 경우는 물론이고, 오랜 시간 동안 협박과 폭행을 가해 상대방이 기절한 경우, 범죄행위로 인한 불면 · 우울감정 등의 외상 후 스트레스장애를 발생시킨 경우에도 상해죄가 성립합니다.

상해에 대해 피해자의 승낙이 있으면 위법성이 조각되어 처벌받지 않겠지만 승낙은 사회상규에 반하지 않아야 합니다.

따라서 병역기피를 위한 상해이거나 보험금을 타기 위한 의도적인 상해에 대해서는 피해자의 승낙이 있더라도 위법성이 인정됩니다.

한편 상해죄는 위에서 실펴 본바와 같이 폭행죄와 달리 반의사불벌죄가 아니기 때문에 상대방이 합의를 해줘도 양형참작 사유(형을 좀 더 가볍게 처벌하는 사유가 될 수 있습니다) 가 될 뿐이고 여전히 처벌을 받게 됩니다.

가해자가 형사처벌을 받는다고 피해자의 손해가 자연히 배상되는 것이 아니므로 피해자는 형사사건이 진행 중인 그 법원에 배상명령신청을 하던지 '손해배상청구'를 민사로 진행해야 합니다.

보통은 가벼운 시비에서 시작되어 법정 다툼까지 가게 되는 폭행이나 특수폭행의 사건은 비일비재하게 발생하는데, 미리 폭행과 상해에 관한 지식을 알아두는 것도 중요하지만 한 순간의 실수를 자제하는 것이 사실은 가장 중요합니다.

본서를 접한 모든 피해자들은 스스로 자기의 사건에 대하여 꼼꼼하게 확인하고 폭행이나 특수폭행을 당하신 증거를 수집하여 고소인진술을 잘 받고 피해사실을 수사를 담당하는 사법경찰관에게 유죄가 인정될 수 있도록 자세히 설명하여야만 피고소인을 처벌받게 할 수 있습니다.

감사합니다.

- 법문북스 -

차 례

본 문

최신서식

본문

제1장 폭행죄

사람의 신체에 대하여 폭행을 가하는 죄를 말합니다(형법 제260조 제1항). 여기에서 말하는 폭행은 신체에 대한 일체의 불법적인 유형력의 행사를 포함하며, 그 행위로 반드시 상해의 결과를 초래할 필요는 없습니다. 이에 따라 불법하게 모발, 수염을 잘라버리는 것이나 높지 않은 곳에서 손으로 사람을 밀어 넘어지게 하거나 떨어지게 하는 것과 사람의 손을 세차게 잡아당기는 것 등도 폭행에 해당합니다.

또한 구타 등과 같이 직접 행위에 의한 경우뿐만 아니라 널리 병자의 머리맡에서 큰소리로 소란을 피운다거나 마취약을 맡게 한다거나 또는 최면술에 걸리게 하는 등 사람의 신체에 대한 일체의 유형력의 행사, 이를테면 물리적인 힘의 행사에 한하지 않고 담배의 연기를 상대방에게 뿜어 버리거나 강제로 잡아당겨 키스하는 것도 폭행이 됩니다.

형법에는 폭행죄에 있어서의 폭행 이외에 세 가지 종류의 폭행이 있습니다.

이를테면 소요죄, 내란죄 등에 있어서의 폭행과 같이 사람에 대한 것이든 어떤 물건에 대한 것이든 모든 종류의 유형력의 행사 즉 최광의의 폭행과, 공무집행방해죄에 있어서의 폭행과 같이 사람에 대한 직접적, 간접적인 유형력의 행사, 즉 광의의 폭행 및 강도죄, 강간죄 및 강제추행죄 등에 있어서의 폭행과 같이 피해자의 저항을 억압할 정도의 유형력의 행사 즉 최협의의 폭행이 있습니다.

따라서 폭행은 고의가 있어야 합니다.

위법한 것이어야 합니다.

어떤 스포츠 또는 운동이나 씨름, 권투시합, 프로레슬링에서의 행위는 폭행이 아닙니다. 또 상대방의 승낙을 받아 시행한 최면술도 폭행에 해당하지 않습니다. 언론에서나 혹은 신문기사에 흔히 보도가 되는 부녀폭행은 강간을 의미하는 것으로서, 이는 까다로운 표현을 피하기 위하여 사용되는 말에 불과하고 본래의 의미의 폭행과는 다른 것입니다.

  폭행죄는 형법 제260조(폭행, 존속폭행) 제1항 사람의 신체에 대하여 폭행을 가한 자는 2년 이하의 징역, 500만 원 이하의 벌금, 구류 또는 과료에 처한다. 제2항 자기 또는 배우자의 직계존속에 대하여 제1항의 죄를 범한 때에는 5년 이하의 징역 또는 700만 원 이하의 벌금에 처한다. 제3항 제1항 및 제2항의 죄는 피해자의 명시한 의사에 반하여 공소를 제기할 수 없는 반의사불벌죄로써 피해자의 처벌불원의사가 있으면 수사기관에서는 공소권 없음 처분을 하여야 하고 재판부에서는 공소기각의 판결을 선고합니다.

  폭행, 상해, 협박과 괴롭힘(스토킹)은 전형적인 대인범죄들입니다.

  대개의 대인범죄는 개인 혹은 집단 상호작용이나 인간관계를 매개로 발생합니다. 가해자와 피해자가 서로 전혀 알지 못하는 사이에서 발생할 때조차 사건이 야기되기 직전 당사자사이에 갈등이나 분쟁, 다툼이 있는 게 보통입니다.

  범죄는 여러 가지 유형의 피해결과와 비용을 야기합니다.

  폭행과 구타는 직접적으로 피해자의 신체적 상해를 야기함으로써 의료적 치료비용, 생산 활동이나 학업에 참여하지 못함으로써 발생하는 생산(학업) 손실 등의 비용을 낳습니다. 뿐만 아니라 범죄피해를 신고하고 이후 전개되는 형사절차(이를테면 피해자 진술을 위해 경찰서에 방문하는 일 등)로 인한 비용이 발생하기도 합니다.

  범죄피해는 차후의 범죄를 예방하기 위한 비용도 야기합니다.

  대인범죄의 피해지들에게 사건 이후 대중교통 대신 택시를 탄다거나 특정 장소나 사람을 회피하거나 어두워지면 외출을 자제하는 등의 행동변화에 따른 비용손실도 발생합니다. 혹은 범죄피해를 최소화하기 위해 보험제도에 의존함으로써 추가적인 비용이 나타나기도 합니다. 사회적으로는 형사사법기관을 유지하기 위한 비용, 범죄가 발생했을 때 이를 처리하기 위한 행정비용 범죄피해자를 돕기 위한 비용 등이 유발됩니다.

  범죄피해가 유발하는 비용은 측정 가능한 유형에만 한정되지 않습니다.

범죄는 심리적 정정신적 피해와 후유증 혹은 범죄에 대한 두려움처럼 쉽게 측정하기 힘든 무형적 비용을 낳기도 합니다. 더군다나 이와 같은 무형적 비용이 범죄로 인한 유형적 피해보다 크다고 평가되고 있습니다.

1. 유형적 피해

폭행과 상해는 행위의 본질상 피해자의 신체적 침해와 부상을 야기하는 범죄입니다. 폭행과 상해의 피해로 인한 평균 의료비용의 통계에 의하면 남자가 약 1,260,000원 여자가 1,100,000원으로 집계되고 있습니다. 상해피해로 학교결석, 직장에 병가 혹은 휴가를 내거나 영업활동, 가사활동을 하지 못하는 생산성 손실 여부가 발생합니다.

2. 무형적 피해

폭행으로 인한 피해자가 겪는 무형적 피해의 대표적 형태는 심리적, 정신적인 영향 혹은 후유증 가족관계의 변화, 범죄에 대한 두려움의 야기 등입니다.

이와 같은 피해들은 쉽게 계량화되지 않습니다. 범죄피해 이후 정신적, 심리적 영향이나 후유증을 발생할 수 있는데 이를 무형적 피해라고 합니다.

3. 폭행죄의 판례

폭행죄는 사람의 신체에 대하여 폭행을 가하는 죄로, 2년 이하의 징역 또는 500만 원 이하의 벌금 · 구류 또는 과료에 처합니다(형법 제260조 제1항). 형법상 폭행의 개념은 대체로 다음과 같이 네 가지로 분류됩니다.

1. 사람에 대한 것이든 물건에 대한 것이든, 모든 종류의 유형력의 행사(예: 115조,116조)

2. 사람에 대한 직접적·간접적인 유형력의 행사

3. 사람의 신체에 대한 직접적·간접적인 유형력의 행사(125조, 260조)

4. 상대방의 반항을 억압할 만한 유형력의 행사(333조, 297조).

폭행죄의 행위는 사람의 신체에 대한(반드시 신체에 접할 필요는 없습니다) 일체의 불법적인 유형력의 행사를 포함하며, 그것이 성질상 상해의 결과를 초래할 성질의 것일 필요는 없습니다.

○ 불법하게 머리카락을 잘라버리는 행위.

○ 사람의 몇 걸음 앞에서 돌이나 물건을 던지는 행위.

○ 사람의 손이나 멱살을 잡아서 세차게 잡아당기거나 밀치는 행위.

○ 다른 사람의 얼굴이나 복부 등을 주먹이나 발로 때리는 것 등이 폭행에 해당됩니다(다만 고의는 폭행의 의사에 한합니다).

폭행죄는 피해자의 명시한 의사에 반하여 논할 수 없습니다(형법 제260조 제3항). 존속폭행(형법 제260조 제2항) 특수폭행(형법 제261조) 폭행치사상(형법 제262조) 상습폭행(형법 제264조)의 경우에는 형을 가중합니다. 단 병역의무를 이행하는 병역의무자는 예외로 합니다.

사소한 말다툼으로 어깨를 밀치거나 꼬집고 뺨을 때리는 등의 행위는 폭행죄에 해당합니다. 이를테면 머리카락을 자르거나 얼굴에 물을 뿌리는 것도 폭행에 해당합니다. 하물며 담배 연기를 내뿜는 것까지 폭행으로 간주되어 유죄판결을 내린 사례도 있습니다.

폭행은 신체에 대한 일체의 불법적인 유형력의 행사를 말하며, 그 성질이 반드시 상해의 결과를 초래할 필요는 없습니다. 따라서 불법하게 모발·수염을 잘라버리는 것, 손으로 사람을 밀어서 높지 않는 곳에 떨어지게 하는 것, 사람의 손을 세차게 잡아당기는 것 등도 폭행이 됩니다.

또한, 구타 등과 같이 직접 행위에 의한 경우뿐만 아니라 널리 병자의 머리맡에서 소란을 피우거나 마취약을 맡게 하거나 또는 최면술에 걸리게 하는 등 사람의 신체에 대한 일체의 유형력의 행사, 즉 물리적인 힘의 행사에 한하지 않고 예컨대, 담배연기를 상대방에게 뿜거나 강제로 키스하는 것도 폭행에 해당합니다.

제1절 단순 폭행죄

사람의 신체에 대해 폭행을 가한 경우에는 2년 이하의 징역, 500만 원 이하의 벌금, 구류 또는 과료에 처해집니다(형법 제260조 제1항).

다만, 폭행죄는 피해자의 명시적인 의사에 반해 공소를 제기할 수 없는 반의사불벌죄에 해당합니다(형법 제260조 제3항).

단순폭행죄와 같이 피해자의 명시적인 의사에 반해 처벌할 수 없는 사건의 경우, 처벌을 희망하는 의사표시의 철회는 제1심 판결의 선고 전까지 할 수 있으며, 처벌 희망 의사표시를 철회한 사람은 다시 고소할 수 없습니다(형사소송법 제232조 제3항).

1. 단순 폭행죄의 용어 해설

구류 - 자유형의 일종으로 1일 이상 30일 미만의 기간 동안 유치장에 가두는 것을 말합니다. 이는 형벌 중 가장 가벼운 것으로서 주로 경미한 범죄에 대해 과해집니다.

과료 - 벌금과 같이 재산형의 일종으로 범죄인에게 일정한 금액의 지급을 강제적으로 부담지우는 형벌을 말합니다. 그러나 과료는 벌금에 비해 그 금액이 적고 비교적 경미한 범죄인 경우에 부과됩니다.

반의사불벌죄 - 피해자가 처벌을 희망하지 않는다면 처벌을 할 수 없는 죄를 말합니다. 이를테면 단순폭행죄 · 과실상해 죄· 단순협박죄 · 명예훼손죄(사이버명예훼손죄)와 같은 경우에는 피해자가 처벌을 희망하지 않는다는 의사표시를 하거나 처벌을 희망하는 의사표시를 철회한 때에는 공소를 제기할 수 없으며, 공소를 제기하기 전인 경우 공소권 없음의 불송치 결정을 하거나 불기소처분을 하고 기소 후인 때에는 법원은 공소기각의 판결을 선고합니다.

2. 폭행에 해당한다고 판단한 판례

가. 폭행에 해당한다고 본 판례

따라서 안수기도 행위에 수반하는 신체적 행위가 단순히 손을 머리에 얹거나 약간 누르는 정도가 아니라 그것이 지나쳐서 가슴과 배를 반복하여 누르거나 때려 그로 인해 사망에 이른 것과 같은 정도의 것이라면 이는 사람의 신체에 대한 유형력의 행사로서 폭행에 해당합니다(대법원 1994. 8. 23. 선고 94도1484 판결).

피해자의 신체에 공간적으로 근접하여 고성으로 폭언이나 욕설을 하거나 동시에 손발이나 물건을 휘두르거나 던지는 행위는 직접 피해자의 신체에 접촉하지 않았다고 하더라도 피해자에 대한 불법한 유형력의 행사로서 폭행에 해당될 수 있습니다(대법원 2003. 1. 10. 선고 2000도5716 판결).

나. 폭행에 해당하지 않는다고 판단한 판례

출입문을 부수고 건물로 들어가 폭언하면서 잠겨 있는 방문을 여러 번 발로 찬 행위는 피해자들의 신체에 대한 유형력의 행사로는 볼 수 없기 때문에 폭행에 해당하지 않습니다(대법원 1984. 2. 14. 선고 83도3186 판결).

피해자가 먼저 피고인에게 덤벼들고, 뺨을 꼬집고, 주먹으로 쥐어박았기 때문에 피고인이 피해자를 부둥켜안은 행위는 유형력의 행사인 폭행에 해당하지 않습니다(대법원 1977. 2. 8. 76도3758 판결).

피해자가 시비를 걸려고 양팔을 잡으려는 것을 피하고자 몸을 틀어 뿌리친 행위는 폭행에 해당하지 않습니다(대법원 1985. 10. 8. 85도1915 판결).

거리상 멀리 떨어져 있는 사람에게 전화기를 이용하여 전화하면서 고성을 내거나 그 전화의 대화를 녹음 후 듣게 하는 경우에는 특수한 방법으로 수화자의 청각기관을 자극하여 그 수화자로 하여금 고통스럽게 느끼게 할 정도의 음향을 이용하였다는 등의 특별한 사정이 없는 한 폭행에 해당하지 않습니다(대법원 2003. 1. 10. 선고 2000도5716 판결).

제2절 존속 폭행죄

자기 또는 배우자의 직계존속에 대해 폭행죄를 범한 경우에는 5년 이하의 징역 또는 700만 원 이하의 벌금에 처해집니다(형법 제260조 제2항).

다만, 존속폭행죄는 피해자의 명시적인 의사에 반해 공소를 제기할 수 없는 반의사불벌죄에 해당합니다(형법 제260조 제3항).

존속폭행죄와 같이 피해자의 명시적인 의사에 반해 처벌할 수 없는 사건의 경우, 처벌을 희망하는 의사표시의 철회는 제1심 판결의 선고 전까지 할 수 있으며, 처벌 희망 의사표시를 철회한 사람은 다시 고소할 수 없습니다(형사소송법 제232조 제3항).

1. 존속 폭행죄의 용어 해설

직계존속 - 혈통이 상하수직선의 형태로 연결되는 친족 중 부모 및 부모와 동일한 항렬 이상에 속하는 친족을 말합니다. 이를테면 부모, 조부모, 증조부모 등이 직계존속에 해당합니다.

제3절 폭행과 상해의 관계

1. 폭행죄가 성립하면 상해죄도 성립하는지

폭행은 사람의 신체에 대해 유형력을 행사하는 행위입니다.

이를테면 신체에 공간적으로 근접하여 고성으로 폭언이나 욕설을 하는 행위의 경우에도 폭행죄에 해당합니다.

한편, 상해는 사람의 신체의 생리적 기능에 장해를 일으키게 하는 것을 말합니다. 예컨대 가해자의 행위로 인해 병원에서 치료를 요하는 정도의 상해를 입은 경우에 상해죄가 적용됩니다.

따라서 고성으로 폭언을 하거나 치료를 요하지 않는 정도의 구타는 단순폭행죄에 해당하며, 폭행을 원인으로 생리적 기능에 장해를 일으켜 치료를 요하는 상해가 발생되면 피해자의 처벌의사와 관계없이 처벌되는 폭행치상죄가 성립합니다.

2. 폭행치상죄의 성립 여부

폭행치상죄는 폭행행위로 인해 피해자가 상해에 이르게 된 경우 성립되는 범죄이며, 폭행치사상죄는 상해죄의 처벌절차와 동일합니다.

상해를 일으키지 않은 단순폭행사건의 경우 피해자가 가해자의 처벌을 원하지 않으면 가해자는 처벌되지 않지만, 폭행치상죄의 경우에는 상해를 동반하기 때문에 피해자의 처벌의사와 관계없이 가해자는 처벌됩니다.

다만, 피해자와 가해자가 합의한 경우에는 처벌의 수위가 낮아질 수는 있습니다.

3. 폭행과 상해

가. 폭행

폭행과 상해는 매일 전국적으로 가장 많이 발생하는 범죄입니다.

그러다 보니 앞니 하나가 나가면 얼마, 코뼈 골절은 얼마 이런 식으로 합의금까지 대충 정해져 인터넷을 통하여 떠들고 있을 정입니다. 이렇듯 빈번하게 발생하는 폭행·상해죄, 제대로 알아둘 필요가 있습니다.

폭행죄는 사람의 신체에 대해 유형력을 행사함으로써 성립하는데, 구타나 밀치는 행위는 물론이고 폭언을 수차 반복하거나 피해자에게 근접하여 욕설을 하면서 때릴 듯이 손발이나 물건을 휘두르는 행위도 폭행죄에 해당합니다.

나. 정당방위 내지 쌍방대리 폭행

내가 저지른 폭행은 정당방위로 인정받을 수 있을까 생각하는 분들이 많은 것도 사실입니다.

실무상 폭행 사건과 관련해 가장 안타까운 것은 누가 봐도 이를테면 나쁜 모 ○○씨가 착한 조 ○○를 폭행했는데, 착한 조 ○○가 참다 참다 한 대 맞받아친 것 때문에 나쁜 모 ○○에게 맞고소당하는 경우를 들 수 있습니다. "나쁜 모 ○○씨는 착한 조 ○○씨를 스무 대 때렸는데, 조 ○○씨는 딱 한 대만 때렸다." 라고 항의해 봐도 싸움(쌍방 폭행의 경우 원칙적으로 정당방위로 인정받기 어렵습니다).

다만 나쁜 모 ○○씨가 먼저 때리는 장면 등을 착한 조 ○○씨가 CCTV나 인근차량의 블랙박스 영상 등을 확보해 입증을 한다면 착한 조 ○○씨가 폭행죄로 처벌받는 정도가 나쁜 모 ○○씨 보다 훨씬 가벼워질 수는 있습니다.

당연히 예상할 수 있는 정도를 초과한 과격한 침해행위에 대한 반격이나, 싸움이 중지된 후 갑자기 상대가 다시 공격하는 경우 등에는 예외적으로 정당방위를 인정하는 판례가 있기는 합니다.

이것은 지극히 예외적인 경우이므로 상대방이 폭력을 먼저 행사하였더라도 소극적 방어의 정도를 넘어선 공격의사를 가진 반격(폭행)을 가하는 순간 쌍방폭행으로 처벌될 수 있으므로 주의하여야 합니다.

한편 폭행죄는 피해자가 처벌을 원하지 않는다는 명백한 의사를 밝힌 경우에는 공소를 제기할 수 없는 반의사불벌죄에 해당합니다. 위와 같은 경우 먼저 싸움을 걸고 폭행을 많이 한 나쁜 모 ○○씨 일지라도 서로 고소를 취하하자고 나올 수가 있으므로 이 경우에 착한 조 ○○씨는 고소를 취하할 것인가 고민에 빠질 수밖에 없습니다. 맞고소의 정답은 고소를 취하하는 것이 더 좋을 수도 있습니다.

다. 상해

상해는 사람의 신체에 대해 완전성을 침해하거나 생리적 기능이 훼손되게 함으로써 성립합니다. 따라서 상대방을 때려 이가 빠지거나 팔이 부러진 경우는 물론이고, 오랜 시간 동안 협박과 폭행을 가해 상대방이 기절한 경우, 범죄행위로 인한 불면·우울감정 등의 외상 후 스트레스장애를 발생시킨 경우에도 상해죄가 성립합니다.

상해에 대해 피해자의 승낙이 있으면 위법성이 조각되어 처벌받지 않겠지만 승낙은 사회상규에 반하지 않아야 합니다.

따라서 병역기피를 위한 상해이거나 보험금을 타기 위한 의도적인 상해에 대해서는 피해자의 승낙이 있더라도 위법성이 인정됩니다.

한편 상해죄는 위에서 실펴 본바와 같이 폭행죄와 달리 반의사불벌죄가 아니기 때문에 상대방이 합의를 해줘도 양형참작 사유(형을 좀 더 가볍게 처벌하는 사유가 될 수 있습니다) 가 될 뿐이고 여전히 처벌을 받게 됩니다.

가해자가 형사처벌을 받는다고 피해자의 손해가 자연히 배상되는 것이 아니므로피해자는 형사사건이 진행 중인 그 법원에 배상명령신청을 하던지 '손해배상청구'를 민사로 진행해야 합니다.

보통은 가벼운 시비에서 시작되어 법정 다툼까지 가게 되는 폭행이나 상해의 사건은 비일비재하게 발생하는데, 미리 폭행과 상해에 관한 지식을 알아두는 것도 중요하지만 한 순간의 실수를 자제하는 것이 사실은 가장 중요합니다.

제4절 폭행죄의 성립요건

가. 폭행의 고의

폭행죄가 성립하기 위해서는 가해자가 피해자를 폭행하려는 명확한 의도가 있어야만 폭행죄가 성립합니다. 이것은 단순한 과실이나 실수와 우연한 접촉과는 구별되는 개념입니다.

사소한 말다툼을 하다가 피해자를 밀치는 행위는 고의성이 인정됩니다.

나. 유형력 행사

폭행죄가 성립하기 위해서는 유형력의 행사가 있어야 합니다.

유형력의 행사는 물리적인 힘을 말합니다. 이것은 직접적인 신체 접촉뿐만 아니라 간접적인 방법으로도 행사될 수 있습니다.

때리거나 밀치거나 팔을 붙잡기, 물건을 던지기, 침을 뱉기, 옷을 잡아당기는 경우가 이에 해당합니다.

유형력은 '신체에 고통을 줄 수 있는 물리력의 작용' 이나, 통증의 강도에는 상관없이 폭넓은 의미의 물리적인 마찰을 총칭합니다. 꼭 상대가 다쳐야만 폭행인 것은 아닙니다. 현행법은 광의의 폭행을 인정하여 의사에 반해 유형력을 가하기만 했다면 폭행에 해당하는 것으로 보고 있습니다.

신체에 대한 유형력이라는 것은 힘의 방향이 객체(피해자)를 향한다는 것으로, 대상자의 신체에 반드시 접촉되어야 한다는 의미는 아닙니다. 이를테면 물건을 상대 주변에 내려쳐서 부숴버리는 행위 등이 있습니다.

위협운전역시 특수폭행죄로 처벌된 대법원판례가 있습니다. 다시 말해서 상대방을 직접적 대상으로 해서 유형력을 행사해야 성립합니다.

다. 피해자의 의사에 반하는 행위

폭행죄가 성립하기 위해서는 피해자의 의사에 반해야 성립합니다.

피해자가 동의하지 않은 신체에 접촉하거나 유형력을 행사하여야 폭행죄가 성립합니다.

1. 폭행죄에 해당하는 행위

○ 욕설이나 폭언을 수차례 반복하는 행위(대법원 2001. 3. 9. 선고 2001도277판결)

○ 피해자에게 근접하여 욕설을 하면서 때릴 듯이 손발이나 물건을 휘두르거나 던지는 행위(대법원 1990. 2. 13. 89도1406판결)

2. 폭행죄에 해당하지 않는 행위

○ 손바닥으로 엉덩이를 툭 치고 지나간 행위(헌법재판소 2013. 10. 24. 자 2013헌마513 결정)

○ 거리상 멀리 떨어져 있는 사람에게 전화기를 이용하여 전화하면서 고성을 지르거나 그 전화 대화를 녹음 후 듣게 한 행위(대법원 2003. 1. 10. 선고 2000도5716 판결)

○ 욕설을 한 것 외에 때릴 듯이 위세 또는 위력을 보인 구체적인 행위를 한 적
  이 없는 경우(대법원 1990. 2. 13. 선고 89도1406 판결)

○ 조용히 얘기를 하자며 그의 팔을 2, 3회 끌은 행위(대법원 1986. 10. 14.
  선고 86도1796 판결)

○ 방문을 열어주지 않으면 모두 죽여 버린다고 폭언하면서 시정된 방문을 수회
  에 걸쳐 발로 걷어찬 행위(대법원 1984. 2. 14. 선고 83도3186 판결, 다만
  협박죄에 해당합니다)

제2장 특수폭행죄

특수폭행죄는 단체 또는 다중의 위력을 보이거나 위험한 물건을 휴대하여 폭행하는 범죄로 5년 이하의 징역 또는 1,000만 원 이하의 벌금에 처합니다(형법 제261조). 폭행죄에 대한 특별규정입니다. 폭력행위 등 처벌에 관한 법률을 제정하였고, 그 제2조 제2항에서 '야간 또는 2인 이상이 공동하여' 폭행의 죄를 범한 때에는 2분의 1까지 그 형을 가중한다고 규정하고 있습니다.

한편 판례에는 비록 야간이라 할지라도 사회불안을 조성할 정도에 이르지 못한 집단폭행에 대하여는 폭력행위 등 처벌에 관한 법률을 적용할 것이 아니라, 형법의 규정에 의해야 한다고 판시하고 있습니다.

또한 '다중이 집단하여 폭행' 을 하면 소요죄(형법 제115조)가 되므로 본죄와의 구별이 문제가 됩니다. 단체 또는 다중의 위력을 보인 것이 특수폭행죄의 성립을 인정해야 할 것입니다. 여기서 '단체' 라 함은 목적을 공동으로 하는 다수인이 시간적 계속을 전제로 결합한 조직체를 말합니다. '다중' 은 이러한 단체를 이루지 못한 다수인의 중합을 가리킵니다. 한편 '위력' 이라 함은 물리적 정신적으로 사람을 위압할 만한 일체의 세력을 말합니다. 현실로 상대방이 위압을 당했는가는 불문합니다. 특수폭행죄가 성립하는 경우에는 공동정범에 관한 제30조의 규정은 적용되지 아니합니다. 상습범인 경우에 형을 형법 제264조에 따라 가중합니다.

1. 특수폭행 구성요건

단체 또는 다중의 위력을 보이거나 위험한 물건을 휴대해서 사람의 신체에 대해 폭행을 가함으로써 성립하는 범죄입니다. 특수폭행죄는 폭행죄에 대하여 행위방법의 위험성 때문에 불법이 가중되는 가중적 구성요건입니다. 이를테면 가중의 근거는 결과 때문이 아니라 행위의 수단과 방법이 피해자에게 중대한 침해를 야기할 위험이 있으므로 피해자의 방어기회를 없게 한다는 점에 있습니다.

특수폭행의 경우에는 폭행과는 다르게 반의사불벌죄가 인정되지 않습니다.

과거에는 단체나 다중의 위력으로써 또는 단체나 집단을 가장하여 위력을 보임으로써 폭행죄를 범하거나 흉기 기타 위험한 물건을 휴대하여 범한 때에는 폭력행위 등 처벌에 관한 법률 제3조에 해당하여 이러한 범위에 있어서는 특수폭행죄가 적용될 여지가 없었으나 이후 폭력행위 등 처벌에 관한 법률상 흉기 폭행은 위헌결정이 나왔습니다. 따라서 위험한 물건을 들고 폭행하면 이제는 특수폭행죄로 처벌받습니다. 폭력행위 등 처벌에 관한 법률상 흉기폭행은 1년 이상 징역이었고 그냥 폭행은 2년 이하 징역, 500만 원 이하 벌금임을 감안하면 흉기폭행은 상당히 엄하게 처벌됩니다.

이를테면 유흥가들이 밀집되어 있는 길거리 등에서 2~3명 이상의 상대가 먼저 접근하며 시비를 걸 경우 보통은 건달이나 조폭 등 평상시에 집단폭행 등을 아무 거리낌 없이 하는 무리일 가능성이 높습니다. 이러한 경우에는 여유가 되는 한 가차 없이 경찰의 112범죄 신고를 하거나 119소방서 등에 빠르게 신고부터 하는 것이 피해자에게 도움이 됩니다.

실제 상습적으로 집단폭행을 가하며 돌아다니는 무리들이 우리 주변에는 많이 있기 때문에 특수폭행죄는 단체 또는 다중의 위력을 보이거나 위험한 물건을 휴대하고 사람의 신체에 대하여 폭행함으로써 성립하는 범죄입니다.

2. 특수폭행 성립요건

특수폭행죄가 성립하기 위해서는 기본적으로 첫째, '폭행의 고의'가 있어야 성립합니다. 둘째, 신체에 대한 '유형력의 행사'가 있어야 성립합니다. 셋째, '단체 또는 다중의 위력'을 보이거나 '위험한 물건을 휴대하여 폭행행위'를 할 것을 필요로 합니다.

3. 단체 또는 다중의 위력

특수폭행죄의 첫 번째의 실행방법은 단체 또는 다중의 위력을 보이는 경우입니다. 법원은 단체 또는 다중의 위력을 판단하는데 있어서 상당히 까다롭게 판단하고 있습니다. 가담자들이 단체로 폭행한다는 인식을 하고 있어야 한다고 보고 있습니다. 그 상황도 주로 집회 및 시위에서 발생한 일, 노동쟁의, 조직범죄에 가담한 경우에 주로 단체 또는 다중의 위력을 보인다고 인정하는 사례들이 많이 있습니다.

흔히 건달이나 폭력배들이 말하는 다구리, 술 마시고 여러 명이 시비가 걸려 폭력사건이 일어나는 경우에는 폭력행위 등 처벌에 관한 법률상 공동폭행으로 경찰서에서 수사하고 기소의견으로 검찰에 송치하면 검사가 공소를 제기합니다. 간단히 말하자면 위험한 물건을 드는 순간 빼도 박도 못하는 이것은 바로 특수폭행입니다.

이를테면 3인의 경우 그것이 어떤 집단의 힘을 발판 또는 배경으로 한다는 것이 인정되지 않는 한 다중의 위력을 보인 것으로 인정받지 못한다는 판례가 있습니다(대법원 1971. 12. 21., 선고 71도1930).

실례에 의하면 운동선수모임의 선배들 4명이 외부 시범행사 도중 실수가 있었다는 이유로 정신교육 명목으로 후배들을 상대로 각목(위험한 물건)으로 폭행을 한 사안도 공동폭행으로 처벌받은 하급심판례도 다수가 있습니다.

4. 단체

단체는 공동목적을 가진 다수인의 계속적, 조직적인 결합체를 말합니다.

공동목적은 반드시 불법할 것을 요하지 않습니다.

따라서 범죄를 목적으로 하는 불법단체 뿐만 아니라 법인, 노동조합, 정당 기타 사회단체도 여기에 포함합니다. 단체의 구성원은 그 위력을 보일 정도로 다수여야 합니다. 단체의 구성원이 같은 곳에 집결되어 있을 필요는 없습니다.

소집 또는 연락에 의하여 집합할 가능성이 있으면 충분합니다. 일반적으로 시위를 할 목적으로 소집된 결합체도 단체에 해당한다는 견해가 있으나, 단체는 어느 정도 지속성을 가질 것을 요하므로 이러한 경우는 다중에 해당된다고 할 것입니다.

5. 다중

다중은 단체를 이루지 못한 다수인의 집합을 말합니다.

집합 자 사이에 공동 목적이 있거나, 계속적인 조직체로 구성되어 있음을 요하지 않습니다. 다만 일시적인 결합체의 경우에는 다수인이 같은 곳에 집결되어 있을 것이 요구됩니다.

구성원의 수에는 제한이 없으며 소요죄에 있어서와 같이 일정한 평온을 해할 정도에 이를 필요도 없습니다.

집단적 위력을 보일 수 있는 정도면 충분합니다.

6. 위력

위력은 사람의 의사를 제압함에 족한 세력을 말합니다. 위력을 보일 것을 요하므로 유무형의 위력을 인식시킬 경우에 성립합니다.

7. 위험한 물건의 휴대

특수폭행죄는 둘째로 위험한 물건을 휴대하여 사람의 신체에 대하여 폭행한 때에도 성립합니다.

8. 위험한 물건

위험한 물건은 사람을 살상하기 위하여 제조된 것임을 요하지 않습니다.

따라서 '위험한 물건' 이냐의 여부를 결정함에 있어서는 물건의 객관적 성질만을 기준으로 할 것이 아니라, 물건의 성질과 그 사용방법을 종합하여 구체적인 사안에 따라서 사회통념에 비추어 판단하여야 한다고 밝히고 있습니다.

9. 휴대

위험한 물건을 '휴대' 한다는 것은 소지, 즉 몸에 지니는 것을 말합니다. 반드시 범행 이전부터 몸에 지니고 있어야 할 것을 요하지 않고 범행현장에서 이를 소지하는 것도 포함합니다.

따라서 집에 보관하고 있다는 것만으로는 '휴대'에 해당한다고 할 수 없습니다.

제3장 폭행의 의미 차량에 의한 유형력 행사 판례

폭행죄에서 말하는 '폭행' 의 의미와 판단 기준 자신의 차를 가로막는 피해자를 부딪칠 듯이 차를 조금씩 전진시키는 것을 반복하는 행위가 '폭행' 에 해당하는지 여부

폭행죄에서 말하는 폭행은 사람의 신체에 대하여 육체적 · 정신적으로 고통을 주는 유형력을 행사함을 뜻하는 것으로서 반드시 피해자의 신체에 접촉함을 필요로 하는 것은 아니고, 그 불법성은 행위의 목적과 의도, 행위 당시의 정황, 행위의 태양과 종류, 피해자에게 주는 고통의 유무와 정도 등을 종합하여 판단하여야 합니다.

따라서 자신의 차를 가로막는 피해자를 부딪친 것은 아니라고 하더라도, 피해자를 부딪칠 듯이 차를 조금씩 전진시키는 것을 반복하는 행위 역시 피해자에 대해 위법한 '유형력을 행사' 한 것이라고 보아야 합니다.

원심은, 피고인이 자신의 차를 가로막고 서 있는 피해자를 향해 차를 조금씩 전진시키고 피해자가 뒤로 물러나면 다시 차를 전진시키는 방식의 운행을 반복하였는데, 이는 그 자체로 피해자에 대한 유형력의 행사에 해당하고, 피고인 주장의 사정만으로는 차 앞에 서 있는 사람을 향해 차를 전진시킨 행위가 정당방위나 정당행위에 해당하지 않는다는 이유로 이 사건 변경된 공소사실이 유죄로 인정된다고 판단하였습니다.

원심의 판단은 정당하고 상고이유 주장과 같이 논리와 경험의 법칙에 반하여 자유심증주의의 한계를 벗어나거나 폭행죄에서의 폭행이나 그 고의, 정당행위와 정당방위 등에 관한 법리를 오해한 잘못이 없다고 판단하였습니다.

제4장 특수폭행죄 실례

1. 위험한 물건 투척

피고소인 ○○○은 ○○○○. ○○. ○○. ○○:○○경 충청남도 천안시 ○○구 ○○로길 ○○, 고소인이 운영하는 ○○해장국집 식당에서 고소인에게 왜 보느냐면서 시비를 붙고 그곳 테이블에 있던 위험한 물건인 쇠 젓가락을 한 움큼 집어들어 고소인의 머리를 향해 힘껏 던진 후, 위험한 물건인 소주병 등을 고소인의 머리를 향해 집어던져 고소인에게 전치 3주간의 치료를 요하는 두부열상 등의 상해를 가하고, 계속해서 위험한 물건인 끓는 뜨거운 해장국국물이 담긴 유리 냄비 등이 놓여있던 테이블을 고소인을 향해 힘껏 밀어 넘어뜨려 고소인에게 유리 파편과 끓던 해장국국물 등이 튀게 하였습니다.

손님이 카페 직원에게 쟁반과 음료를 던진 행위에 대해서 법적으로 폭행에 해당할 수 있으며, 특히 쟁반과 같은 도구를 사용한 경우에는 '특수폭행죄' 로 형사고소가 가능합니다.

2. 반지를 낀 손으로 얼굴 가격

가벼운 말다툼이 생겨 피고소인이 느닷없이 주먹으로 얼굴을 가격하여 입술 안쪽이 심하게 터지고 입안에 큰 피멍이 생겼습니다. 피고소인은 반지를 낀 손으로 고소인의 얼굴을 가격했고 입술은 지금도 땡땡 부어있습니다. 귀가 후에 집에 돌아와서 보니 입술 내안뿐만 아니라 외부 역시 찢어진 것처럼 피가 흘렀음을 발견했습니다. 일요일이라 병원이나 의원에 문을 열지 않아 진료를 보지 못했다가 월요일에 가까운 병원으로 가서 치료를 받고 전치 4주간의 치료를 요하는 진단서를 발급받았습니다.

반지를 끼고 얼굴을 폭행한 것이므로 특수상해죄 내지 특수폭행죄에 해당한다고 사료되어 고소하오니 피고소인을 철저히 수사하여 법의 준엄함을 절실히 깨달을 수 있도록 엄벌에 처하여 주시기 바랍니다.

3. 맥주를 뿌리고 맥주병을 집어 던져

고소인은 경기도 오산시 ○○로 ○○길 ○○○, 소재 아름다운 카페에서 지인들과 술을 마시고 있던 중 옆 테이블에서 술을 마시고 있던 피고소인의 일행들이 시끄럽게 떠들며 소란스럽게 하자 고소인이 조용히 술을 마시라고 말을 하자 옆 테이블에 앉아 있던 피고소인이 비아냥거리며 욕설을 하여 다툼이 시작되었습니다.

이에 피고소인이 자신들의 테이블 위에 놓여 있던 맥주가 들어있던 컵을 들어 고소인에게 달려들어 얼굴에 뿌리고 위험한 물건인 맥주병을 집어 들어 고소인을 향하여 휘두르고 고소인의 멱살을 잡아 흔들며 밀친 특수폭행을 저질렀습니다. 피고소인의 행위는 고소인에 대한 유형력의 행사에 해당하고 맥주병은 사용방법에 따라 위험한 물건에 해당하므로 피고소인의 유형력 행사는 특수폭행죄에 해당하여 특수폭행죄로 고소하오니 피고소인을 철저히 수사하여 법의 준엄함을 절실히 깨달을 수 있도록 엄벌에 처하여 주시기 바랍니다.

4. 골프채를 휘둘러

피고소인은 서울시 중랑구 ○○로길 ○○, ○○빌딩 1층 ○○○호의 임대인이고 고소인은 위 건물의 임차인입니다. 고소인과 피고소인은 위 건물에 대한 임대문제로 서로 다투게 되었습니다. 아직 임대차계약기간이 남아 있음에도 불구하고 피고소인이 위 건물을 비우라고 요구하여 고소인은 피고소인의 명도요구를 거부하였습니다.

피고소인은 미리 비닐봉지에 준비해 간 골프채로 고소인이 임차하여 영업 중인 위 건물의 유리창 4개를 내리쳐 부수었습니다. 고소인이 왜 유리창을 깨냐며 따지며 제지하자 피고소인의 고소인에게 욕설을 하며 손에 들고 있던 골프채를 고소인을 향해 휘두르고 때릴 듯이 위협한 사실이 있습니다. 피고소인은 위험한 물건인 골프채를 폭행에 사용한 목적으로 이미 휴대하여 고소인을 향해 때릴 듯이 휘두른 폭행행위가 인정되므로 고소인은 피고소인을 특수폭행혐의로 고소하오니 피고소인을 철저히 수사하여 법의 준엄함을 절실히 깨달을 수 있도록 엄벌에 처하여 주시기 바랍니다.

5. 차량급정거 위협할 목적

피고소인은 강원도 원주시 ○○○로길 ○○앞 도로를 승용차로 주행하던 중, 고소인이 어린 아이를 태우고 학교 앞에서 학생을 내리는 것을 보고 진로를 막은 채 아이를 내리는 것을 보고 화가나 고소인을 향해 심하게 욕설을 하였습니다. 고소인이 이에 무시하고 진행해 가자 피고소인은 고소인의 차량을 앞지른 뒤 그 앞으로 갑자기 끼어들어 고소인으로 하여금 급정거하게 만들었습니다.

그로 인해 고소인의 차량의 뒷좌석에 앉아 있던 고소인의 처를 앞좌석에 부딪치게 하였습니다. 자동차는 사용방법에 따라 위험한 물건에 해당합니다. 피고소인이 고소인을 위협할 목적으로 자신의 자동차를 이용하여 급정거하는 방법으로 유형력을 행사한 사실이 인정되어 고소인은 피고소인을 특수폭행혐의로 고소하오니 피고소인을 철저히 수사하여 법의 준엄함을 절실히 깨달을 수 있도록 엄벌에 처하여 주시기 바랍니다.

제5장 고소방법

1. 수사권

형법 제260조 제1항 단순폭행죄, 형법 제260조 제2항 존속폭행죄, 형법 제261조 특수폭행죄에 대한 1차적 수사권과 수사종결권은 형사소송법이 개정되어 시행되면서 경찰에 수사권이 있습니다.

2. 고소장 접수

폭행죄, 특수폭행죄의 고소장은 수사권이 있는 피고소인의 주소지를 관할하는 경찰서에 접수하여야 합니다.

다만 피고소인의 인적사항을 알지 못하고 휴대전화번호 등의 기본정보만 알고 있으면 폭행죄, 특수폭행죄 고소장에 피고소인의 기본정보(이를테면 휴대전화번호)만 기재하고 고소인의 주소지를 관할하는 경찰서에 폭행죄, 특수폭행죄의 고소장을 접수하시면 수사를 담당하는 사법경찰관이 사안에 따라 피고소인의 기본정보를 활용하여 검사에게 압수수색 영장을 신청하고 피고소인의 소재를 파악하여 피고소인을 출석시켜 폭행죄, 특수폭행죄의 조사가 이루어집니다.

3. 수사 결과 및 처분

수사를 담당하는 사법경찰관이 폭행죄, 특수폭행죄의 고소사건을 수사한 결과 피의자에 대한 범죄혐의가 인정된다고 판단하면 피의자를 기소의견으로 검찰에 송치하고 피의자에 대하여 범죄혐의 인정되지 않는다고 판단하면 불송치(사법경찰관이 폭행죄 특수폭행죄 고소사건을 기소의견으로 검찰에 송치하지 아니하고 경찰에서 자체적으로 사건을 종결한다는 뜻입니다)결정을 할 수 있습니다.

사법경찰관이 불송치 결정을 할 때는 7일 이내에 서면으로 폭행죄, 특수폭행죄 고소사건을 기소의견으로 검찰에 송치하지 아니하는 취지나 그 이유를 고소인에게 통지하도록 규정하고 있습니다.

4. 이의신청

불송치 결정을 통지받은 고소인은 그 사법경찰관 소속 관서의 장(경찰서장)에게 불송치 결정에 대한 이의신청을 할 수 있습니다. 형사소송법을 개정하면서 불송치 결정에 대한 이의신청을 할 수 있는 기간을 별도로 정하지 않았으므로 폭행죄 특수폭행죄 사건의 공소시효가 만료되기 전에는 언제든지 이의신청을 할 수 있습니다.

고소인으로부터 이의신청을 받은 사법경찰관은 지체 없이 고소인이 제출한 이의신청서와 사법경찰관이 폭행죄, 특수폭행죄 고소사건에 대하여 지금까지 수사한 수사기록을 비롯하여 그 증거물을 검사에게 고스란히 송부하여야 합니다.

5. 검사의 처분

검사는 고소인이 제출한 이의신청서와 사법경찰관이 작성한 수사기록을 송부 받고 먼저 고소인이 제출한 이의신청서를 검토하고 그 다음에 사법경찰관이 작성한 수사기록과 증거물을 검토하여 사법경찰관이 한 불송치 결정이 위법 또는 부당하다고 판단하면 다시 사법경찰관에게 재수사를 하게하고 최종적으로 기소 여부를 90일 내에 결정하여야 합니다.

불송치 결정을 통지받은 고소인은 검사가 이의신청서만 읽고도 사법경찰관이 한 불송치 결정은 무슨 이유에서 왜 잘못됐다는 것인지 쉽게 알 수 있을 정도로 이의신청서를 잘 작성하여야만 검사가 사법경찰관에게 다시 재수사를 요청하고 기소 여부를 최종적으로 결정하므로 고소의 목적을 달성할 수 있습니다.

이의신청서에는 사법경찰관이 작성한 불송치이유가 어떤 이유에서 왜 위법하고 부당하다는 것인지 구체적으로 지적하고 검사에게 다시 사법경찰관으로 하여금 재수사를 요청하고 최종적으로 기소 여부를 결정할 수 있도록 이의신청서를 그만큼 잘 작성하여야 효과적입니다.

사법경찰관이 폭행죄, 특수폭행죄 고소사건을 불송치 결정을 할 때 불송치이유를 구체적으로 기재하지 않고 있으므로 바로 사법경찰관 소속 경찰서 종합민원

실로 가셔서 폭행죄, 특수협박죄 고소사건에 대하여 사법경찰관이 작성한 불송
치이유를 정보공개청구하여 발급받아 그에 따른 불복의 이유를 검사에게 설명하
는 식으로 작성하시면 더 좋습니다.

최신서식

폭행죄 고소장 최신서식

고 소 장

고 소 인 : ○ ○ ○

피 고 소 인 : ○ ○ ○

부산시 해운대경찰서장 귀중

고 소 장

1.고소인

성명	○ ○ ○		주민등록번호	생략
주소	부산시 해운대구 재반로 ○○길 ○○, ○○○호			
직업	생략	사무실 주 소	생략	
전화	(휴대폰) 010 - 7700 - 0000			
대리인에 의한 고소	□ 법정대리인 (성명 : , 연락처) □ 소송대리인 (성명 : 변호사, 연락처)			

2.피고소인

성명	○ ○ ○		주민등록번호	생략
주소	부산시 연제구 ○○로 ○○길 ○○○,			
직업	상업	사무실 주 소	생략	
전화	(휴대폰) 010 - 9345 - 0000			
기타사항	고소인과의 관계 - 친·인척관계 없습니다.			

3. 고소취지

　　고소인은 피고소인에 관하여 다음과 같이 형법 제260조 제1항 폭행죄로 고소하오니 법의 준엄함을 깨달을 수 있도록 철저히 수사하여 엄벌에 처해 주시기 바랍니다.

4. 범죄사실

(1) 피고소인은 회사원인 바, ○○○○. ○○. ○○. 14:30경 부산시 해운대구 ○○로길 ○○, ○○○에 있는 '○○당구장' 내에서 고소인 ○○○(여 37세)이 카운터를 보고 있었습니다.

(2) 피고소인이 요금을 계산하는 과정에서 지불할 요금이 비싸다는 이유로 시비를 걸어 말다툼을 하다 가 갑자기 고소인을 향하여 얼굴을 주먹으로 때리고 이에 저항하는 고소인의 배와 허리를 발로 수회 차는 등 폭행을 가하였습니다.

(3) 피고소인은 계속해서 고소인을 따라 오면서 발로 걷어차고 땅바닥에 넘어뜨리고 발로 고소인을 짓밟았습니다.
　　피고소인은 주변에 목격하신 분들이 말렸음에도 아랑곳하지 않고 고소인을 계속해서 폭행하였습니다.

(4) 피고소인은 고소인에게 전치 4주의 치료를 요하는 폭행을 가한 것이므로 피고소인을 철저히 조사하시어 범의 준엄함을 절실히 깨달을 수 있도록 엄벌에 처하여 주시기 바랍니다.

5. 증거자료

☐ 고소인은 고소인의 진술 외에 제출할 증거가 없습니다.

■ 고소인은 고소인의 진술 외에 제출할 증거가 있습니다.

☞ 제출할 증거의 세부내역은 별지를 작성하여 첨부합니다.

6.관련사건의 수사 및 재판여부

① 중복 고소여부	본 고소장과 같은 내용의 고소장을 다른 검찰청 또는 경찰서에 제출하거나 제출하였던 사실이 있습니다 □ / 없습니다 ■
② 관련 형사사건 수사유무	본 고소장에 기재된 범죄사실과 관련된 사건 또는 공범에 대하여 검찰청이나 경찰서에서 수사 중에 있습니다 □ / 수사 중에 있지 않습니다 ■
③ 관련 민사소송 유무	본 고소장에 기재된 범죄사실과 관련된 사건에 대하여 법원에서 민사소송 중에 있습니다 □ / 민사소송 중에 있지 않습니다 ■

7.기타

　　본 고소장에 기재한 내용은 고소인이 알고 있는 지식과 경험을 바탕으로 모두 사실대로 작성하였으며, 만일 허위사실을 고소하였을 때에는 형법 제156조 무고죄로 처벌받을 것임을 아울러 서약합니다.

○○○○ 년 ○○ 월 ○○ 일

위 고소인 : ○　○　○　　(인)

부산시 해운대경찰서장 귀중

별지 : 증거자료 세부 목록
　　　(범죄사실 입증을 위해 제출하려는 증거에 대하여 아래 각 증거별로 해당 난을
　　　구체적으로 작성해 주시기 바랍니다)

1. 인적증거

성　명	○ ○ ○	주민등록번호	생략		
주　소	부산시 해운대구 ○○로 ○○, ○○○호			직업	종업원
전　화	(휴대폰) 010 - 4432 - 0000				
입증하려는 내　용	위 ○○○은 고소인과 같이 당구장에 근무하는 자로써 피고소인이 고소인에게 시비를 붙고 폭행을 하는 것을 목격하였으므로 이를 입증하고자 합니다.				

2. 증거서류

순번	증　거	작성자	제출 유무
1	진단서	고소인	■ 접수시 제출　□ 수사 중 제출
2	진술서	고소인	■ 접수시 제출　□ 수사 중 제출
3			□ 접수시 제출　□ 수사 중 제출
4			□ 접수시 제출　□ 수사 중 제출
5			□ 접수시 제출　□ 수사 중 제출

3. 증거물

순번	증 거	소유자	제출 유무
1	진단서	고소인	■ 접수시 제출 □ 수사 중 제출
2			□ 접수시 제출 □ 수사 중 제출
3			□ 접수시 제출 □ 수사 중 제출
4			□ 접수시 제출 □ 수사 중 제출
5			□ 접수시 제출 □ 수사 중 제출

4. 기타증거

추후 필요에 따라 제출하겠습니다.

(2) 고소장 - 폭행상해 주먹으로 얼굴과 입술을 때려 앞니가 금이 가는 폭행을 가하
여 처벌을 요구하는 고소장 최신서식

고 소 장

고 소 인 : ○ ○ ○

피 고 소 인 : ○ ○ ○

청주시 상당경찰서장 귀중

고 소 장

1.고소인

성명	○ ○ ○	주민등록번호	생략
주소	청주시 상당구 ○○로 ○○길 ○○, ○○○호		
직업	생략	사무실 주 소	생략
전화	(휴대폰) 010 - 3478 - 0000		
대리인에 의한 고소	□ 법정대리인 (성명 : , 연락처) □ 소송대리인 (성명 : 변호사, 연락처)		

2.피고소인

성명	○ ○ ○	주민등록번호	생략
주소	청주시 ○○구 ○○로 ○○길 ○○○, ○○○호		
직업	상업	사무실 주 소	생략
전화	(휴대폰) 010 - 2782 - 0000		
기타사항	고소인과의 관계 - 친·인척관계 없습니다.		

3.고소취지

고소인은 피고소인에 관하여 다음과 같이 형법 제260조 제1항 폭행죄 및 형법 제257조 상해죄로 고소하오니 법의 준엄함을 깨달을 수 있도록 철저히 수사하여 엄벌에 처해 주시기 바랍니다.

4.범죄사실

(1) ○○○○. ○○. ○○. ○○:○○경 충청북도 청주시 ○○로 ○길 ○○○, ○○이라는 호프집에서 고소인이 친구들과 맥주를 마시고 집으로 가기 위해 밖으로 나와 버스를 타려고 서 있는데 피고소인이 다짜고짜 고소인에게 욕설을 퍼붓고 시비를 붙었습니다.

(2) 고소인은 하도 어이가 없어서 그냥 무시하자 피고소인이 고소인에게 달려들어 주먹으로 고소인을 가격하여 얼굴에 심한 타박상을 입었습니다.

(3) 고소인으로서는 당시 입술부위에서 피를 많이 흘렸지만 그날은 그냥 헤어지게 되었습니다. 다음날 심한 통증을 느껴 아침 식사를 하지 못할 정도로 고통이 심해 ○○○○. ○○. ○○. 청주시 ○○구 ○○로길 ○○, ○○의원으로 찾아가 진찰을 받아보니 앞니에 금이 갔다는 것이었습니다.

(4) 의사 선생님께서는 특히 앞니에 금이 간 것은 이를 뽑아야 한다고 말씀하였습니다.

(5) 그 후 ○○○○. ○○. ○○. 피고소인에게 전화해서 만날 것을 요구했지만 피고소인은 계속해서 회피하고 고소인을 만나 주지 않을 뿐만 아니라 이에 대한 피해보상도 하지 않으므로 법에 따라 엄중히 처벌하여 주시기 바랍니다.

5.증거자료

☐ 고소인은 고소인의 진술 외에 제출할 증거가 없습니다.

■ 고소인은 고소인의 진술 외에 제출할 증거가 있습니다.

☞ 제출할 증거의 세부내역은 별지를 작성하여 첨부합니다.

① 중복 고소여부	본 고소장과 같은 내용의 고소장을 다른 검찰청 또는 경찰서에 제출하거나 제출하였던 사실이 있습니다 □ / 없습니다 ■
② 관련 형사사건 수사유무	본 고소장에 기재된 범죄사실과 관련된 사건 또는 공범에 대하여 검찰청이나 경찰서에서 수사 중에 있습니다 □ / 수사 중에 있지 않습니다 ■
③ 관련 민사소송 유무	본 고소장에 기재된 범죄사실과 관련된 사건에 대하여 법원에서 민사소송 중에 있습니다 □ / 민사소송 중에 있지 않습니다 ■

7.기타

　　본 고소장에 기재한 내용은 고소인이 알고 있는 지식과 경험을 바탕으로 모두 사실대로 작성하였으며, 만일 허위사실을 고소하였을 때에는 형법 제156조 무고죄로 처벌받을 것임을 아울러 서약합니다.

○○○○ 년 ○○ 월 ○○ 일

위 고소인 : ○　○　○　　(인)

청주시 상당경찰서장 귀중

별지 : 증거자료 세부 목록
　　　(범죄사실 입증을 위해 제출하려는 증거에 대하여 아래 각 증거별로 해당 난을 구체적으로 작성해 주시기 바랍니다)

1. 인적증거

성　명	○ ○ ○	주민등록번호	생략		
주　소	청주시 ○○구 ○○로 ○○, ○○○호			직업	종업원
전　화	(휴대폰) 010 - 4432 - 0000				
입증하려는 내　용	위 ○○○은 피고소인이 고소인에게 시비를 붙고 폭행을 하는 것을 목격하였으므로 이를 입증하고자 합니다.				

2. 증거서류

순번	증　거	작성자	제출 유무
1	녹취록	고소인	■ 접수시 제출　□ 수사 중 제출
2	진술서	고소인	■ 접수시 제출　□ 수사 중 제출
3			□ 접수시 제출　□ 수사 중 제출
4			□ 접수시 제출　□ 수사 중 제출
5			□ 접수시 제출　□ 수사 중 제출

3. 증거물

순번	증 거	소유자	제출 유무
1	진단서	고소인	■ 접수시 제출　□ 수사 중 제출
2			□ 접수시 제출　□ 수사 중 제출
3			□ 접수시 제출　□ 수사 중 제출
4			□ 접수시 제출　□ 수사 중 제출
5			□ 접수시 제출　□ 수사 중 제출

4. 기타증거

추후 필요에 따라 제출하겠습니다.

(3) 고소장 - 폭행죄 괜히 시비를 붙고 느닷없이 폭행을 가하여 폭행죄로 처벌을 요
구하는 폭행죄 고소장 최신서식

고 소 장

고 소 인 : ○ ○ ○

피 고 소 인 : ○ ○ ○

대구시 ○○경찰서장 귀중

고 소 장

1.고소인

성명	○ ○ ○		주민등록번호	생략
주소	대구시 ○○구 ○○로 ○○길 ○○, ○○○호			
직업	생략	사무실 주 소	생략	
전화	(휴대폰) 010 - 2456 - 0000			
대리인에 의한 고소	□ 법정대리인 (성명 : , 연락처) □ 소송대리인 (성명 : 변호사, 연락처)			

2.피고소인

성명	○ ○ ○		주민등록번호	생략
주소	대구시 ○○구 ○○로 ○○길 ○○○, ○○○호			
직업	상업	사무실 주 소	생략	
전화	(휴대폰) 010 - 2342 - 0000			
기타사항	고소인과의 관계 - 친·인척관계 없습니다.			

3.고소취지

　　고소인은 피고소인에 관하여 다음과 같이 형법 제260조 제1항 폭행죄로 고소하오니 법의 준엄함을 깨달을 수 있도록 철저히 수사하여 엄벌에 처해 주시기 바랍니다.

4.범죄사실

(1) 고소인은 ○○○○. ○○. ○○. ○○:○○경 대구시 ○○구 ○○로길 ○○, 소재 자동차정비공장 앞 버스정류소 부근 ○○○돼지갈비 집에서 친구들과 함께 식사를 한 후 다음 장소로 이동하기 위해 계산을 하고 문을 나서고 있었습니다.

(2) 이때 피고소인이 고소인에게 다가와 다짜고짜 자기 얼굴을 쳐다봤다는 이유로 시비를 붙고 고소인의 얼굴을 주먹으로 가격하고 발로 다리를 걸어찼습니다.

(3) 이에 고소인은 갑작스런 상황에 미처 대처하지 못하고 피고소인의 폭행에 중심을 잡지 못하고 그냥 땅바닥으로 넘어지는 바람에 전치 5주간의 치료를 요하는 상해를 입었습니다.

(4) 함께 폭행 장소에 있었던 친구들과 식당주인도 이러한 상황을 모두 지켜보고 있었으며 증인 출석의 의사를 표시하였고 진술서도 작성해 주어 말미에 첨부하였습니다.

(5) 피고소인은 고소인과 전혀 알지 못하는 사이이며, 단지 고소인이 피고소인을 쳐다봤다는 이유만으로 폭행을 당한 것에 대해 너무나 억울하고 분한 마음으로 고소장을 제출오니 피고소인을 철저히 수사하여 법에 따라 엄벌에 처해 주시기 바랍니다.

5.증거자료

□ 고소인은 고소인의 진술 외에 제출할 증거가 없습니다.

■ 고소인은 고소인의 진술 외에 제출할 증거가 있습니다.

☞ 제출할 증거의 세부내역은 별지를 작성하여 첨부합니다.

6.관련사건의 수사 및 재판여부

① 중복 고소여부	본 고소장과 같은 내용의 고소장을 다른 검찰청 또는 경찰서에 제출하거나 제출하였던 사실이 있습니다 □ / 없습니다 ■
② 관련 형사사건 수사유무	본 고소장에 기재된 범죄사실과 관련된 사건 또는 공범에 대하여 검찰청이나 경찰서에서 수사 중에 있습니다 □ / 수사 중에 있지 않습니다 ■
③ 관련 민사소송 유무	본 고소장에 기재된 범죄사실과 관련된 사건에 대하여 법원에서 민사소송 중에 있습니다 □ / 민사소송 중에 있지 않습니다 ■

7.기타

　　본 고소장에 기재한 내용은 고소인이 알고 있는 지식과 경험을 바탕으로 모두 사실대로 작성하였으며, 만일 허위사실을 고소하였을 때에는 형법 제156조 무고죄로 처벌받을 것임을 아울러 서약합니다.

○○○○ 년 ○○ 월 ○○ 일

위 고소인 : ○　○　○　(인)

대구시 ○○경찰서장 귀중

별지 : 증거자료 세부 목록

　　　　(범죄사실 입증을 위해 제출하려는 증거에 대하여 아래 각 증거별로 해당 난을
　　　　구체적으로 작성해 주시기 바랍니다)

1. 인적증거

성　명	○ ○ ○	주민등록번호	생략		
주　소	대구시 ○○구 ○○로 ○○, ○○○호			직업	종업원
전　화	(휴대폰) 010 - 1248 - 0000				
입증하려는 내　용	위 ○○○은 ○○○돼지갈비집의 종업원으로 피고소인이 고소인에게 시비를 붙고 폭행을 하는 것을 직접 목격하였으므로 이를 입증하고자 합니다.				

2. 증거서류

순번	증　거	작성자	제출 유무
1	진단서	고소인	■ 접수시 제출　□ 수사 중 제출
2	진술서	고소인	■ 접수시 제출　□ 수사 중 제출
3			□ 접수시 제출　□ 수사 중 제출
4			□ 접수시 제출　□ 수사 중 제출
5			□ 접수시 제출　□ 수사 중 제출

3. 증거물

순번	증　거	소유자	제출 유무
1	진단서	고소인	■ 접수시 제출　□ 수사 중 제출
2			□ 접수시 제출　□ 수사 중 제출
3			□ 접수시 제출　□ 수사 중 제출
4			□ 접수시 제출　□ 수사 중 제출
5			□ 접수시 제출　□ 수사 중 제출

4. 기타증거

추후 필요에 따라 제출하겠습니다.

(4) 고소장 - 폭행죄 전 여자 친구를 고소인이 사귄다는 이유로 폭행을 가하여 처벌
을 요구하는 폭행죄 고소장 최신서식

고 소 장

고 소 인 : ○ ○ ○

피 고 소 인 : ○ ○ ○

인천시 부평경찰서장 귀중

고 소 장

1.고소인

성명	○ ○ ○		주민등록번호	생략
주소	인천시 ○○구 ○○로 ○○길 ○○, ○○○호			
직업	생략	사무실 주 소	생략	
전화	(휴대폰) 010 - 2456 - 0000			
대리인에 의한 고소	□ 법정대리인 (성명 : , 연락처) □ 소송대리인 (성명 : 변호사, 연락처)			

2.피고소인

성명	○ ○ ○		주민등록번호	생략
주소	인천시 ○○구 ○○로 ○○길 ○○○, ○○○호			
직업	상업	사무실 주 소	생략	
전화	(휴대폰) 010 - 2342 - 0000			
기타사항	고소인과의 관계 - 친·인척관계 없습니다.			

3. 고소취지

　　고소인은 피고소인에 관하여 다음과 같이 형법 제260조 제1항 폭행죄로 고소하오니 법의 준엄함을 깨달을 수 있도록 철저히 수사하여 엄벌에 처해 주시기 바랍니다.

4. 범죄사실

(1) 피고소인은 일정한 직업 없이 노동에 종사하는 자인 바,

　　가, ○○○○. ○○. ○○. ○○:○○경 인천시 부평구 ○○로 ○길 ○○○, 고소인의 집에서 고소인이 인천시 연수구에 사는 ○○○을 사귄다는 것이 못마땅하다면서 갑자기 고소인의 머리를 잡아끌고 주먹으로 얼굴을 때리고 격분한 나머지 고소인의 멱살을 잡아 땅바닥에 눕히고 손으로 목을 3회, 누르는 폭행을 가하였습니다.

　　나, 같은 날 ○○:○○경 같은 장소로 고소인을 다시 찾아와 나를 배신한다며 고소인에게 우측 팔꿈치로 안면부를 1회 후려치는 등 폭행을 또 가하였습니다.

(2) 고소인은 이 사건 피고소인의 폭행으로 인하여 전치 3주간의 치료를 요하는 폭행을 당하였으므로 피고소인을 폭행죄로 고소하오니 철저히 조사하시어 엄벌에 처하여 주시기 바랍니다.

5. 증거자료

□ 고소인은 고소인의 진술 외에 제출할 증거가 없습니다.

■ 고소인은 고소인의 진술 외에 제출할 증거가 있습니다.

☞ 제출할 증거의 세부내역은 별지를 작성하여 첨부합니다.

6.관련사건의 수사 및 재판여부

① 중복 고소여부	본 고소장과 같은 내용의 고소장을 다른 검찰청 또는 경찰서에 제출하거나 제출하였던 사실이 있습니다 □ / 없습니다 ■
② 관련 형사사건 수사유무	본 고소장에 기재된 범죄사실과 관련된 사건 또는 공범에 대하여 검찰청이나 경찰서에서 수사 중에 있습니다 □ / 수사 중에 있지 않습니다 ■
③ 관련 민사소송 유무	본 고소장에 기재된 범죄사실과 관련된 사건에 대하여 법원에서 민사소송 중에 있습니다 □ / 민사소송 중에 있지 않습니다 ■

7.기타

   본 고소장에 기재한 내용은 고소인이 알고 있는 지식과 경험을 바탕으로 모두 사실대로 작성하였으며, 만일 허위사실을 고소하였을 때에는 형법 제156조 무고죄로 처벌받을 것임을 아울러 서약합니다.

○○○○ 년 ○○ 월 ○○ 일

위 고소인 : ○　○　○　　(인)

인천시 부평경찰서장 귀중

별지 : 증거자료 세부 목록
　　　(범죄사실 입증을 위해 제출하려는 증거에 대하여 아래 각 증거별로 해당 난을
　　　구체적으로 작성해 주시기 바랍니다)

1. 인적증거

성　명	○ ○ ○	주민등록번호	생략		
주　소	인천시 ○○구 ○○로 ○○, ○○○호			직업	회사원
전　화	(휴대폰) 010 - 0987 - 0000				
입증하려는 내　용	위 ○○○은 우연히 길을 지나가던 중 피고소인이 고소인에게 시비를 붙고 폭행을 하는 것을 직접 목격하였으므로 이를 입증하고자 합니다.				

2. 증거서류

순번	증　거	작성자	제출 유무
1	진단서	고소인	■ 접수시 제출 　□ 수사 중 제출
2	진술서	고소인	■ 접수시 제출 　□ 수사 중 제출
3			□ 접수시 제출 　□ 수사 중 제출
4			□ 접수시 제출 　□ 수사 중 제출
5			□ 접수시 제출 　□ 수사 중 제출

3. 증거물

순번	증 거	소유자	제출 유무
1	진단서	고소인	■ 접수시 제출 □ 수사 중 제출
2			□ 접수시 제출 □ 수사 중 제출
3			□ 접수시 제출 □ 수사 중 제출
4			□ 접수시 제출 □ 수사 중 제출
5			□ 접수시 제출 □ 수사 중 제출

4. 기타증거

추후 필요에 따라 제출하겠습니다.

(5) 고소장 - 폭행 및 상해죄 시비를 붙고 주먹으로 얼굴을 가격하여 상처를 입혀 처
벌을 요구하는 고소장 최신서식

고 소 장

고 소 인 : ○ ○ ○

피 고 소 인 : ○ ○ ○

광주시 ○○경찰서장 귀중

고 소 장

1.고소인

성명	○ ○ ○	주민등록번호	생략
주소	광주시 ○○구 ○○로 ○○길 ○○, ○○○-○○○○호		
직업	생략	사무실 주 소	생략
전화	(휴대폰) 010 - 7761 - 0000		
대리인에 의한 고소	□ 법정대리인 (성명 : , 연락처) □ 소송대리인 (성명 : 변호사, 연락처)		

2.피고소인

성명	○ ○ ○	주민등록번호	생략
주소	광주시 광산구 ○○로 ○○길 ○○○, ○○○호		
직업	상업	사무실 주 소	생략
전화	(휴대폰) 010 - 2678 - 0000		
기타사항	고소인과의 관계 - 친·인척관계 없습니다.		

3.고소취지

　　고소인은 피고소인에 관하여 다음과 같이 형법 제260조 제1항 폭행죄 및 형법 제257조 상해죄로 고소하오니 법의 준엄함을 깨달을 수 있도록 철저히 수사하여 엄벌에 처해 주시기 바랍니다.

4.범죄사실

(1) 피고소인은 ○○○○. ○○. ○○. ○○:○○경 광주광역시 ○○구 ○○로 ○○길 ○○○,에 있는 술집 '○○○카페' 앞길에서 길을 걷다가 고소인과 어깨를 부딪쳤습니다.

(2) 고소인에게 '이 새끼야 눈 똑바로 뜨고 다녀 임마' 라고 소리치면서 느닷없이 주먹으로 고소인의 얼굴을 2회 세게 때렸습니다.

　　위 폭행으로 인하여 고소인은 약 3주간의 치료를 요하는 구순부열 찢긴상처 등의 상해를 가하였습니다.

　　피고소인은 고소인이 폭행을 피하려고 자리를 피하는 곳으로 계속해서 따라와 고소인의 얼굴을 때리고 발로 걷어차는 폭행을 가하였습니다.

　　피고소인의 폭행사실은 위 ○○○카페에서 설치한 CCTV에서 고스란히 촬영되어 있으며, 인근에 주차한 차량의 블랙박스 영상도 확보된 상태에 있습니다.

(3) 이에 고소인은 피고소인을 형법 제257조 제1항 상해죄 및 형법 제260조 폭행죄로 고소하오니 철저히 수사하여 법의 준엄함을 깨달을 수 있도록 엄벌에 처하여 주시기 바랍니다.

5.증거자료

　　□ 고소인은 고소인의 진술 외에 제출할 증거가 없습니다.

　　■ 고소인은 고소인의 진술 외에 제출할 증거가 있습니다.

　　☞ 제출할 증거의 세부내역은 별지를 작성하여 첨부합니다.

6.관련사건의 수사 및 재판여부

① 중복 고소여부	본 고소장과 같은 내용의 고소장을 다른 검찰청 또는 경찰서에 제출하거나 제출하였던 사실이 있습니다 □ / 없습니다 ■
② 관련 형사사건 수사유무	본 고소장에 기재된 범죄사실과 관련된 사건 또는 공범에 대하여 검찰청이나 경찰서에서 수사 중에 있습니다 □ / 수사 중에 있지 않습니다 ■
③ 관련 민사소송 유무	본 고소장에 기재된 범죄사실과 관련된 사건에 대하여 법원에서 민사소송 중에 있습니다 □ / 민사소송 중에 있지 않습니다 ■

7.기타

본 고소장에 기재한 내용은 고소인이 알고 있는 지식과 경험을 바탕으로 모두 사실대로 작성하였으며, 만일 허위사실을 고소하였을 때에는 형법 제156조 무고죄로 처벌받을 것임을 아울러 서약합니다.

○○○○ 년 ○○ 월 ○○ 일

위 고소인 : ○ ○ ○   (인)

광주시 ○○경찰서장 귀중

별지 : 증거자료 세부 목록

    (범죄사실 입증을 위해 제출하려는 증거에 대하여 아래 각 증거별로 해당 난을 구체적으로 작성해 주시기 바랍니다)

1. 인적증거

성　명	○ ○ ○	주민등록번호	생략		
주　소	광주시 ○○구 ○○로 ○○, ○○○호			직업	상업
전　화	(휴대폰) 010 - 8765 - 0000				
입증하려는 내　용	위 ○○○은 위 ○○○카페의 사장으로서 피고소인이 고소인에게 시비를 붙고 폭행을 하는 것을 직접 목격하였으므로 이를 입증하고자 합니다.				

2. 증거서류

순번	증　거	작성자	제출 유무
1	진단서	고소인	■ 접수시 제출　□ 수사 중 제출
2	진술서	고소인	■ 접수시 제출　□ 수사 중 제출
3			□ 접수시 제출　□ 수사 중 제출
4			□ 접수시 제출　□ 수사 중 제출
5			□ 접수시 제출　□ 수사 중 제출

3. 증거물

순번	증 거	소유자	제출 유무
1	진단서	고소인	■ 접수시 제출 □ 수사 중 제출
2			□ 접수시 제출 □ 수사 중 제출
3			□ 접수시 제출 □ 수사 중 제출
4			□ 접수시 제출 □ 수사 중 제출
5			□ 접수시 제출 □ 수사 중 제출

4. 기타증거

추후 필요에 따라 제출하겠습니다.

특수폭행죄 고소장 최신서식

(6) 고소장 - 특수폭행죄 차량을 앞지른 뒤 갑자기 끼어들어 급정거하게 만들어 특수
폭행협의 고소하는 고소장 최신서식

고 소 장

고 소 인 : ○ ○ ○

피 고 소 인 : ○ ○ ○

경산남도 거제경찰서장 귀중

고 소 장

1. 고소인

성명	○ ○ ○		주민등록번호	생략
주소	거제시 ○○로 ○길 ○○, ○○○-○○○○호			
직업	생략	사무실 주 소	생략	
전화	(휴대폰) 010 - 6789 - 0000			
대리인에 의한 고소	□ 법정대리인 (성명 : , 연락처) □ 소송대리인 (성명 : 변호사, 연락처)			

2. 피고소인

성명	○ ○ ○		주민등록번호	생략
주소	거제시 ○○○로 ○번길 ○○, ○○○-○○○호			
직업	무직	사무실 주 소	생략	
전화	(휴대폰) 010 - 2780 - 0000			
기타사항	고소인과의 관계 - 친·인척관계 없습니다.			

3.고소취지

　　고소인은 피고소인에 관하여 다음과 같이 형법 제261조 특수폭행죄로 고소하오니 법의 준엄함을 깨달을 수 있도록 철저히 수사하여 엄벌에 처해 주시기 바랍니다.

4.범죄사실

(1) 적용법조

○ 형법 제261조(특수폭행)

단체 또는 다중의 위력을 보이거나 위험한 물건을 휴대하여 형법 제260조 제1항(폭행) 또는 제2항(존속폭행)의 죄를 범한 때에는 5년 이하의 징역 또는 1,000천만 원 이하의 벌금에 처한다.

(2) 이 사건 경위

○ 고소인은 주소지에 거주하며 매일 어린아이를 태우고 등교를 시키고 있습니다.

○ 피고소인은 ○○도○○○○호 승용차량을 운전하는 사람으로 전혀 알지 못하는 사람입니다.

○ 피고소인은 경상남도 거제시 ○○로길 ○○앞 도로를 승용차로 주행하던 중, 고소인이 어린 아이를 태우고 학교 앞에서 학생을 내리는 것을 보고 진로를 막은 채 아이를 내리는 것을 보고 화가나 고소인을 향해 심하게 욕설을 하였습니다.

○ 고소인이 피고소인의 욕설을 무시하고 진행해 가자 피고소인은 고소인의 차량을 앞지른 뒤 그 앞으로 갑자기 끼어들어 고소인으로 하여금 급정거하게 만들었습니다.
그로 인해 고소인의 차량의 뒷좌석에 앉아 있던 고소인의 처 고소 외 ○○○을 앞좌석에 부딪히게 하였습니다.

○ 자동차는 사용방법에 따라 위험한 물건에 해당합니다. 고소인이 고소인을 위협할 목적으로 자신의 자동차를 이용하여 급정거하는 방법으로 유형력을 행사한 사실이 인정되기 때문에 고소인은 피고소인을 부득이 특수폭행혐의로 고소하오니 피고소인을 철저히 수사하여 법의 준엄함을 절실히 깨달을 수 있도록 엄벌에 처하여 주시기 바랍니다.

5.증거자료

□ 고소인은 고소인의 진술 외에 제출할 증거가 없습니다.

■ 고소인은 고소인의 진술 외에 제출할 증거가 있습니다.

☞ 제출할 증거의 세부내역은 별지를 작성하여 첨부합니다.

6.관련사건의 수사 및 재판여부

① 중복 고소여부	본 고소장과 같은 내용의 고소장을 다른 검찰청 또는 경찰서에 제출하거나 제출하였던 사실이 있습니다 □ / 없습니다 ■
② 관련 형사사건 수사유무	본 고소장에 기재된 범죄사실과 관련된 사건 또는 공범에 대하여 검찰청이나 경찰서에서 수사 중에 있습니다 □ / 수사 중에 있지 않습니다 ■
③ 관련 민사소송 유무	본 고소장에 기재된 범죄사실과 관련된 사건에 대하여 법원에서 민사소송 중에 있습니다 □ / 민사소송 중에 있지 않습니다 ■

7.기타

　　본 고소장에 기재한 내용은 고소인이 알고 있는 지식과 경험을 바탕으로 모두 사실대로 작성하였으며, 만일 허위사실을 고소하였을 때에는 형법 제156조 무고죄로 처벌받을 것임을 아울러 서약합니다.

ㅇㅇㅇㅇ 년 ㅇㅇ 월 ㅇㅇ 일

위 고소인 : ○ ○ ○ 　(인)

경상남도 거제경찰서장 귀중

별지 : 증거자료 세부 목록
　　　(범죄사실 입증을 위해 제출하려는 증거에 대하여 아래 각 증거별로 해당 난을
　　　구체적으로 작성해 주시기 바랍니다)

1. 인적증거

성　명	○ ○ ○	주민등록번호	생략		
주　소	거제시 ○○로 ○길 ○○, ○○○호			직업	상업
전　화	(휴대폰) 010 - 7643 - 0000				
입증하려는 내　용	위 ○○○은 고소인의 처로서 피고소인이 고소인의 차량을 앞지른 뒤 그 앞으로 갑자기 끼어들어 고소인으로 하여금 급정거하게 만든 사실을 직접 목격하여 이를 입증하고자 합니다.				

2. 증거서류

순번	증　거	작성자	제출 유무
1	스크린 샷	고소인	■ 접수시 제출　□ 수사 중 제출
2			□ 접수시 제출　□ 수사 중 제출
3			□ 접수시 제출　□ 수사 중 제출
4			□ 접수시 제출　□ 수사 중 제출
5			□ 접수시 제출　□ 수사 중 제출

3. 증거물

순번	증 거	소유자	제출 유무	
1	진술서	고소인	■ 접수시 제출	□ 수사 중 제출
2			□ 접수시 제출	□ 수사 중 제출
3			□ 접수시 제출	□ 수사 중 제출
4			□ 접수시 제출	□ 수사 중 제출
5			□ 접수시 제출	□ 수사 중 제출

4. 기타증거

추후 필요에 따라 제출하겠습니다.

(7) 고소장 - 특수폭행죄 골프채를 휘둘러 유리창을 깨고 위협을 가하여 처벌을 요구
하는 특수폭행죄 고소장 최신서식

고 소 장

고 소 인 : ○ ○ ○

피 고 소 인 : ○ ○ ○

경상북도 청도경찰서장 귀중

고 소 장

1.고소인

성명	○ ○ ○		주민등록번호	생략
주소	경상북도 청도군 ○○로 ○길 ○○, ○○○호			
직업	생략	사무실 주 소	생략	
전화	(휴대폰) 010 - 6789 - 0000			
대리인에 의한 고소	☐ 법정대리인 (성명 :　　　,　　　연락처　　　　　　) ☐ 소송대리인 (성명 : 변호사,　　연락처　　　　　　)			

2.피고소인

성명	○ ○ ○		주민등록번호	생략
주소	경산시 ○○○로 ○번길 ○○, ○○○-○○○호			
직업	무직	사무실 주 소	생략	
전화	(휴대폰) 010 - 3823 - 0000			
기타사항	고소인과의 관계 - 친·인척관계 없습니다.			

3.고소취지

고소인은 피고소인에 관하여 다음과 같이 형법 제261조 특수폭행죄로 고소하오니 법의 준엄함을 깨달을 수 있도록 철저히 수사하여 엄벌에 처해 주시기 바랍니다.

4.범죄사실

(1) 적용법조

○ 형법 제261조(특수폭행)
단체 또는 다중의 위력을 보이거나 위험한 물건을 휴대하여 형법 제260조 제1항(폭행) 또는 제2항(존속폭행)의 죄를 범한 때에는 5년 이하의 징역 또는 1,000천만 원 이하의 벌금에 처한다.

(2) 이 사건 경위

○ 고소인은 경상북도 청도군 ○○로길 ○○에서 점포를 운영하고 있는 임차인입니다.

○ 피고소인은 위 점포에 대한 소유자이면서 임대인입니다.

○ 고소인과 피고소인은 위 점포에 대한 임대 문제로 서로 다투게 되었습니다. 아직 임대차계약기간이 남아 있음에도 불구하고 피고소인이 위 점포를 비우라고 요구하여 고소인은 피고소인의 명도요구를 거부하였습니다.

○ 피고소인은 미리 비닐봉지에 준비해 간 골프채로 고소인이 임차하여 영업 중인 위 점포의 유리창 4개를 내리쳐 부수었습니다.

○ 고소인이 왜 유리창을 깨나며 따지고 제지하자 피고소인은 고소인에게 욕설을 하며 손에 들고 있던 골프채를 고소인을 향해 휘두르고 때릴 듯이 위협한 사실이 있습니다.

○ 피고소인은 위험한 물건인 골프채를 폭행에 사용한 목적으로 미리 휴대하여
  고소인을 향해 때릴 듯이 휘두른 폭행행위가 인정되므로 고소인은 피고소인을
  특수폭행혐의로 고소하오니 피고소인을 철저히 수사하여 법의 준엄함을 절실
  히 깨달을 수 있도록 엄벌에 처하여 주시기 바랍니다.

5. 증거자료

□ 고소인은 고소인의 진술 외에 제출할 증거가 없습니다.

■ 고소인은 고소인의 진술 외에 제출할 증거가 있습니다.

☞ 제출할 증거의 세부내역은 별지를 작성하여 첨부합니다.

6. 관련사건의 수사 및 재판여부

① 중복 고소여부	본 고소장과 같은 내용의 고소장을 다른 검찰청 또는 경찰서에 제출하거나 제출하였던 사실이 있습니다 □ / 없습니다 ■
② 관련 형사사건 수사유무	본 고소장에 기재된 범죄사실과 관련된 사건 또는 공범에 대하여 검찰청이나 경찰서에서 수사 중에 있습니다 □ / 수사 중에 있지 않습니다 ■
③ 관련 민사소송 유무	본 고소장에 기재된 범죄사실과 관련된 사건에 대하여 법원에서 민사소송 중에 있습니다 □ / 민사소송 중에 있지 않습니다 ■

7.기타

　본 고소장에 기재한 내용은 고소인이 알고 있는 지식과 경험을 바탕으로 모두 사실대로 작성하였으며, 만일 허위사실을 고소하였을 때에는 형법 제156조 무고죄로 처벌받을 것임을 아울러 서약합니다.

○○○○ 년 ○○ 월 ○○ 일

위 고소인 : ○　○　○　　(인)

경상북도 청도경찰서장 귀중

별지 : 증거자료 세부 목록

　　(범죄사실 입증을 위해 제출하려는 증거에 대하여 아래 각 증거별로 해당 난을 구체적으로 작성해 주시기 바랍니다)

1. 인적증거

성 명	○ ○ ○	주민등록번호	생략		
주 소	청도군 ○○로 ○길 ○○, ○○○호			직업	사업
전 화	(휴대폰) 010 - 7643 - 0000				
입증하려는 내 용	위 ○○○은 이 사건 점포의 옆에서 사업을 하는 사람으로 피고소인이 골프채를 휘둘러 유리창을 깨고 고소인을 향해 골프채를 휘둘러 위협을 가한 장면을 직접 목격하여 이를 입증하고자 합니다.				

2. 증거서류

순번	증 거	작성자	제출 유무
1	스크린 샷	고소인	■ 접수시 제출　□ 수사 중 제출
2			□ 접수시 제출　□ 수사 중 제출
3			□ 접수시 제출　□ 수사 중 제출
4			□ 접수시 제출　□ 수사 중 제출
5			□ 접수시 제출　□ 수사 중 제출

3. 증거물

순번	증 거	소유자	제출 유무
1	진술서	고소인	■ 접수시 제출 □ 수사 중 제출
2			□ 접수시 제출 □ 수사 중 제출
3			□ 접수시 제출 □ 수사 중 제출
4			□ 접수시 제출 □ 수사 중 제출
5			□ 접수시 제출 □ 수사 중 제출

4. 기타증거

추후 필요에 따라 제출하겠습니다.

고 소 장

고 소 인 : ○ ○ ○

피 고 소 인 : ○ ○ ○

전라남도 순천경찰서장 귀중

고 소 장

1.고소인

성명	○ ○ ○	주민등록번호	생략
주소	전라남도 순천시 ○○로 ○길 ○○, ○○○호		
직업	생략	사무실 주　소	생략
전화	(휴대폰) 010 - 2567 - 0000		
대리인에 의한 고소	□ 법정대리인 (성명 :　　　,　　　　연락처　　　　　　　) □ 소송대리인 (성명 : 변호사,　　연락처　　　　　　　)		

2.피고소인

성명	○ ○ ○	주민등록번호	생략
주소	순천시 ○○○로 ○번길 ○○, ○○○-○○○호		
직업	무직	사무실 주　소	생략
전화	(휴대폰) 010 - 3874 - 0000		
기타사항	고소인과의 관계 - 친·인척관계 없습니다.		

3.고소취지

고소인은 피고소인에 관하여 다음과 같이 형법 제261조 특수폭행죄로 고소하오니 법의 준엄함을 깨달을 수 있도록 철저히 수사하여 엄벌에 처해 주시기 바랍니다.

4.범죄사실

(1) 적용법조

○ 형법 제261조(특수폭행)
단체 또는 다중의 위력을 보이거나 위험한 물건을 휴대하여 형법 제260조 제1항(폭행) 또는 제2항(존속폭행)의 죄를 범한 때에는 5년 이하의 징역 또는 1,000천만 원 이하의 벌금에 처한다.

(2) 이 사건 경위

○ 고소인은 전라남도 여수시에서 건설회사를 운영하고 있고 피고소인은 전혀 모르는 사람입니다.

○ 고소인은 전라남도 순천시 ○○로 ○○길 ○○○, 소재 ○○카페에서 지인들과 술을 마시고 있던 중 옆 테이블에서 술을 마시고 있던 피고소인의 일행들이 시끄럽게 떠들며 소란스럽게 하자 고소인이 좀 조용히 술을 마시라고 말을 하자 옆 테이블에 앉아 있던 피고소인이 비아냥거리며 욕설을 하여 다툼이 시작되었습니다.

○ 이에 피고소인이 자신들의 테이블 위에 놓여 있던 맥주가 들어있던 컵을 들어 고소인에게 달려들어 얼굴에 뿌리고 위험한 물건인 맥주병을 집어 들어 고소인을 향하여 휘두르고 고소인의 멱살을 잡아 흔들며 밀치는 등 특수폭행을 저질렀습니다.

○ 피고소인의 행위는 고소인에 대한 유형력의 행사에 해당하고 맥주병은 사용방법에 따라 위험한 물건에 해당하므로 피고소인의 유형력 행사는 특수폭행죄에 해당하여 고소인은 피고소인을 특수폭행죄로 고소하오니 피고소인을 철저히

수사하여 법의 준엄함을 절실히 깨달을 수 있도록 엄벌에 처하여 주시기 바랍
니다.

5.증거자료

□ 고소인은 고소인의 진술 외에 제출할 증거가 없습니다.

■ 고소인은 고소인의 진술 외에 제출할 증거가 있습니다.

☞ 제출할 증거의 세부내역은 별지를 작성하여 첨부합니다.

6.관련사건의 수사 및 재판여부

① 중복 고소여부	본 고소장과 같은 내용의 고소장을 다른 검찰청 또는 경찰서에 제출하거나 제출하였던 사실이 있습니다 □ / 없습니다 ■
② 관련 형사사건 수사유무	본 고소장에 기재된 범죄사실과 관련된 사건 또는 공범에 대하여 검찰청이나 경찰서에서 수사 중에 있습니다 □ / 수사 중에 있지 않습니다 ■
③ 관련 민사소송 유무	본 고소장에 기재된 범죄사실과 관련된 사건에 대하여 법원에서 민사소송 중에 있습니다 □ / 민사소송 중에 있지 않습니다 ■

7.기타

　본 고소장에 기재한 내용은 고소인이 알고 있는 지식과 경험을 바탕으로 모두 사실대로 작성하였으며, 만일 허위사실을 고소하였을 때에는 형법 제156조 무고죄로 처벌받을 것임을 아울러 서약합니다.

○○○○ 년 ○○ 월 ○○ 일

위 고소인 : ○　○　○　　　(인)

전라남도 순천경찰서장 귀중

별지 : 증거자료 세부 목록
(범죄사실 입증을 위해 제출하려는 증거에 대하여 아래 각 증거별로 해당 난을 구체적으로 작성해 주시기 바랍니다)

1. 인적증거

성 명	○ ○ ○	주민등록번호	생략		
주 소	순천시 ○○로 ○길 ○○, ○○○호			직업	종업원
전 화	(휴대폰) 010 - 2390 - 0000				
입증하려는 내 용	위 ○○○은 위 카페에서 종업원으로 일을 하면서 피고소인이 고소인을 향해 맥주병을 휘두르고 맥주를 고소인의 얼굴에 뿌린 장면을 직접 목격하여 이를 입증하고자 합니다.				

2. 증거서류

순번	증 거	작성자	제출 유무
1	스크린 샷	고소인	■ 접수시 제출 □ 수사 중 제출
2			□ 접수시 제출 □ 수사 중 제출
3			□ 접수시 제출 □ 수사 중 제출
4			□ 접수시 제출 □ 수사 중 제출
5			□ 접수시 제출 □ 수사 중 제출

3. 증거물

순번	증 거	소유자	제출 유무
1	진술서	고소인	■ 접수시 제출 □ 수사 중 제출
2			□ 접수시 제출 □ 수사 중 제출
3			□ 접수시 제출 □ 수사 중 제출
4			□ 접수시 제출 □ 수사 중 제출
5			□ 접수시 제출 □ 수사 중 제출

4. 기타증거

추후 필요에 따라 제출하겠습니다.

고 소 장

고 소 인 : ○ ○ ○

피 고 소 인 : ○ ○ ○

강원도 속초경찰서장 귀중

고 소 장

1.고소인

성명	○ ○ ○	주민등록번호	생략
주소	강원도 속초시 ○○로 ○길 ○○, ○○○호		
직업	생략	사무실 주 소	생략
전화	(휴대폰) 010 - 9123 - 0000		
대리인에 의한 고소	□ 법정대리인 (성명 : , 연락처) □ 소송대리인 (성명 : 변호사, 연락처)		

2.피고소인

성명	○ ○ ○	주민등록번호	생략
주소	강원도 속초시 ○○로 ○번길 ○○, ○○○-○○○호		
직업	무직	사무실 주 소	생략
전화	(휴대폰) 010 - 9987 - 0000		
기타사항	고소인과의 관계 - 친·인척관계 없습니다.		

3.고소취지

고소인은 피고소인에 관하여 다음과 같이 형법 제261조 특수폭행죄로 고소하오니 법의 준엄함을 깨달을 수 있도록 철저히 수사하여 엄벌에 처해 주시기 바랍니다.

4.범죄사실

(1) 적용법조

○ 형법 제261조(특수폭행)

단체 또는 다중의 위력을 보이거나 위험한 물건을 휴대하여 형법 제260조 제1항(폭행) 또는 제2항(존속폭행)의 죄를 범한 때에는 5년 이하의 징역 또는 1,000천만 원 이하의 벌금에 처한다.

(2) 이 사건 경위

○ 고소인은 강원도 속초시 ○○로길 ○○,에서 상호'청진횟집 식당'을 운영하고 있고, 피고소인은 고소인이 운영하는 위 식당에서 ○○○○. ○○. ○○. ○○:○○경 술을 마신 손님입니다.

○ 피고소인은 고소인이 운영하는 위 횟집에서 술을 마시던 중 종업원에게 시비를 붙어 고소인이 그만하라고 하자 이에 앙심을 품고 느닷없이 고소인을 향해 쟁반과 맥주병을 집어던졌습니다.

○ 피고소인이 집어던진 맥주병에 고소인이 맞지 않자 다시 소주병을 고소인의 머리를 향해 집어 던져 전치 2주간의 치료를 요하는 타박상 등의 상해를 가하였습니다.

○ 계속해서 피고소인은 위험한 물건인 철제테이블을 고소인을 향해 힘껏 밀어 넘어뜨려 고소인에게 유리 파편이 튀게 하였습니다.

○ 이에 고소인은 피고소인을 형법 제261조(특수폭행)에 의하여 고소하오니 피고소인을 철저히 수사하여 법의 준엄함을 절실히 깨달을 수 있도록 엄벌에 처하여 주시기 바랍니다.

5. 증거자료

□ 고소인은 고소인의 진술 외에 제출할 증거가 없습니다.

■ 고소인은 고소인의 진술 외에 제출할 증거가 있습니다.

☞ 제출할 증거의 세부내역은 별지를 작성하여 첨부합니다.

6. 관련사건의 수사 및 재판여부

① 중복 고소여부	본 고소장과 같은 내용의 고소장을 다른 검찰청 또는 경찰서에 제출하거나 제출하였던 사실이 있습니다 □ / 없습니다 ■
② 관련 형사사건 수사유무	본 고소장에 기재된 범죄사실과 관련된 사건 또는 공범에 대하여 검찰청이나 경찰서에서 수사 중에 있습니다 □ / 수사 중에 있지 않습니다 ■
③ 관련 민사소송 유무	본 고소장에 기재된 범죄사실과 관련된 사건에 대하여 법원에서 민사소송 중에 있습니다 □ / 민사소송 중에 있지 않습니다 ■

7.기타

    본 고소장에 기재한 내용은 고소인이 알고 있는 지식과 경험을 바탕으로 모두 사실대로 작성하였으며, 만일 허위사실을 고소하였을 때에는 형법 제156조 무고죄로 처벌받을 것임을 아울러 서약합니다.

○○○○ 년 ○○ 월 ○○ 일

위 고소인 : ○　○　○　　　(인)

강원도 속초경찰서장 귀중

별지 : 증거자료 세부 목록
(범죄사실 입증을 위해 제출하려는 증거에 대하여 아래 각 증거별로 해당 난을
구체적으로 작성해 주시기 바랍니다)

1. 인적증거

성 명	○ ○ ○	주민등록번호	생략		
주 소	속초시 ○○로 ○길 ○○, ○○○호			직업	종업원
전 화	(휴대폰) 010 - 7345 - 0000				
입증하려는 내 용	위 ○○○은 고소인이 운영하는 식당에서 종업원으로 일을 하면서 피고소인이 고소인을 향해 소주병을 집어던지는 등 폭행행위를 직접 목격하여 이를 입증하고자 합니다.				

2. 증거서류

순번	증 거	작성자	제출 유무
1	스크린 샷	고소인	■ 접수시 제출 □ 수사 중 제출
2			□ 접수시 제출 □ 수사 중 제출
3			□ 접수시 제출 □ 수사 중 제출
4			□ 접수시 제출 □ 수사 중 제출
5			□ 접수시 제출 □ 수사 중 제출

3. 증거물

순번	증　거	소유자	제출 유무
1	진술서	고소인	■ 접수시 제출　□ 수사 중 제출
2			□ 접수시 제출　□ 수사 중 제출
3			□ 접수시 제출　□ 수사 중 제출
4			□ 접수시 제출　□ 수사 중 제출
5			□ 접수시 제출　□ 수사 중 제출

4. 기타증거

추후 필요에 따라 제출하겠습니다.

(10) 고소장 - 특수폭행죄 두툼한 반지를 낀 주먹으로 얼굴을 가격하여 특수폭행죄로
처벌을 요구하는 고소장 최신서식

고 소 장

고 소 인 : ○ ○ ○

피 고 소 인 : ○ ○ ○

경기도 김포경찰서장 귀중

고 소 장

1. 고소인

성명	○ ○ ○		주민등록번호	생략
주소	경기도 김포시 ○○로 ○길 ○○, ○○○호			
직업	생략	사무실 주 소	생략	
전화	(휴대폰) 010 - 2876 - 0000			
대리인에 의한 고소	□ 법정대리인 (성명 : , 연락처) □ 소송대리인 (성명 : 변호사, 연락처)			

2. 피고소인

성명	○ ○ ○		주민등록번호	생략
주소	김포시 대곶서로 ○번길 ○○, ○○○-○○○호			
직업	무직	사무실 주 소	생략	
전화	(휴대폰) 010 - 7654 - 0000			
기타사항	고소인과의 관계 - 친·인척관계 없습니다.			

3. 고소취지

고소인은 피고소인에 관하여 다음과 같이 형법 제261조 특수폭행죄로 고소하오니 법의 준엄함을 깨달을 수 있도록 철저히 수사하여 엄벌에 처해 주시기 바랍니다.

4. 범죄사실

(1) 적용법조

○ 형법 제261조(특수폭행)

단체 또는 다중의 위력을 보이거나 위험한 물건을 휴대하여 형법 제260조 제1항(폭행) 또는 제2항(존속폭행)의 죄를 범한 때에는 5년 이하의 징역 또는 1,000천만 원 이하의 벌금에 처한다.

(2) 이 사건 경위

○ 고소인과 피고소인은 강원도 모 부대에서 같이 근무하던 사이로 서로 알고 지내는 사이입니다.

○ 피고소인과 고소인은 ○○○○. ○○. ○○. ○○:○○경 경기도 김포시 통진에 있는 모 식당에서 만나 같이 술을 마시다가 가벼운 말다툼이 생겨 피고소인이 느닷없이 주먹으로 고소인의 얼굴을 가격하여 입술 안쪽이 심하게 터지고 입 안에 큰 피멍이 생겼습니다.

○ 피고소인은 평소에도 꽤 두툼한 반지를 끼고 다녔는데 반지를 낀 주먹으로 고소인의 얼굴을 가격했고 고소인의 입술은 지금도 땡땡 부어있습니다.

○ 귀가 후에 집에 돌아와서 보니 입술 내안뿐만 아니라 외부 역시 찢어진 것처럼 피가 계속 흘렀음을 발견했습니다.

○ 일요일이라 병원이나 의원에 문을 열지 않아 진료를 보지 못했다가 월요일에 가까운 병원으로 가서 치료를 받고 전치 4주간의 치료를 요하는 진단서를 발급받았습니다.

○ 피고소인이 두툼한 반지를 끼고 고소인의 얼굴을 폭행한 것이므로 특수상해죄 내지 특수폭행죄에 해당한다고 사료되어 고소인은 피고소인을 고소하오니 철저히 수사하여 법의 준엄함을 절실히 깨달을 수 있도록 엄벌에 처하여 주시기 바랍니다.

5.증거자료

□ 고소인은 고소인의 진술 외에 제출할 증거가 없습니다.

■ 고소인은 고소인의 진술 외에 제출할 증거가 있습니다.

☞ 제출할 증거의 세부내역은 별지를 작성하여 첨부합니다.

6.관련사건의 수사 및 재판여부

① 중복 고소여부	본 고소장과 같은 내용의 고소장을 다른 검찰청 또는 경찰서에 제출하거나 제출하였던 사실이 있습니다 □ / 없습니다 ■
② 관련 형사사건 수사유무	본 고소장에 기재된 범죄사실과 관련된 사건 또는 공범에 대하여 검찰청이나 경찰서에서 수사 중에 있습니다 □ / 수사 중에 있지 않습니다 ■
③ 관련 민사소송 유무	본 고소장에 기재된 범죄사실과 관련된 사건에 대하여 법원에서 민사소송 중에 있습니다 □ / 민사소송 중에 있지 않습니다 ■

7.기타

    본 고소장에 기재한 내용은 고소인이 알고 있는 지식과 경험을 바탕으로 모두 사실대로 작성하였으며, 만일 허위사실을 고소하였을 때에는 형법 제156조 무고죄로 처벌받을 것임을 아울러 서약합니다.

○○○○ **년** ○○ **월** ○○ **일**

위 고소인 : ○ ○ ○   (인)

경기도 김포경찰서장 귀중

별지 : 증거자료 세부 목록
　　　(범죄사실 입증을 위해 제출하려는 증거에 대하여 아래 각 증거별로 해당 난을
　　　구체적으로 작성해 주시기 바랍니다)

1. 인적증거

성　명	○ ○ ○	주민등록번호	생략		
주　소	김포시 ○○로 ○길 ○○, ○○○호			직업	종업원
전　화	(휴대폰) 010 - 7345 - 0000				
입증하려는 내　용	위 ○○○은 식당에서 종업원으로 일을 하면서 피고소인이 고소인을 향해 주먹으로 얼굴을 가격한 장면을 직접 목격하여 이를 입증하고자 합니다.				

2. 증거서류

순번	증　거	작성자	제출 유무
1	스크린 샷	고소인	■ 접수시 제출　□ 수사 중 제출
2			□ 접수시 제출　□ 수사 중 제출
3			□ 접수시 제출　□ 수사 중 제출
4			□ 접수시 제출　□ 수사 중 제출
5			□ 접수시 제출　□ 수사 중 제출

3. 증거물

순번	증 거	소유자	제출 유무
1	진단서	고소인	■ 접수시 제출　□ 수사 중 제출
2			□ 접수시 제출　□ 수사 중 제출
3			□ 접수시 제출　□ 수사 중 제출
4			□ 접수시 제출　□ 수사 중 제출
5			□ 접수시 제출　□ 수사 중 제출

4. 기타증거

추후 필요에 따라 제출하겠습니다.

◨ 편 저 대한법률콘텐츠연구회 ◧

(연구회 발행도서)

· 청구취지 원인변경 소의 변경 보충·정정 작성방법
· 청구이의의 소 강제집행정지 제3자이의의 소
· 음주운전 공무집행방해 의견서 작성방법
· 불기소처분 고등법원 재정신청서 작성방법
· 형사사건항소 항소이유서 작성방법
· 불법행위 손해배상 위자료 청구
· 경찰서 진술서 작성방법

폭행죄 · 특수폭행죄 성립요건에 따른 고소방법 실무지침서
폭행·특수폭행죄 폭행고소 성립요건 고소방법

2025년 07월 20일 인쇄
2025년 07월 25일 발행

편 저 대한법률콘텐츠연구회
발행인 김현호
발행처 법문북스
공급처 법률미디어

주소 서울 구로구 경인로 54길4(구로동 636-62)
전화 02)2636-2911~2, 팩스 02)2636-3012
홈페이지 www.lawb.co.kr

등록일자 1979년 8월 27일
등록번호 제5-22호

ISBN 979-11-94820-15-4 (13360)

정가 28,000원

이 도서의 국립중앙도서관 출판예정도서목록(CIP)은 서지정보유통지원시스템 홈페이지(http://seoji.nl.go.kr)와 국가
자료종합목록 구축시스템(http://kolis-net.nl.go.kr)에서 이용하실 수 있습니다.

홈페이지 www.lawb.co.kr
페이스북 www.facebook.com/bummun3011
인스타그램 www.instagram.com/bummun3011
네이버 블로그 blog.naver.com/bubmunk